子育てはしんどい。
だから私は

子どもと一緒に旅にでる

―― 1・3・5歳 子ども3人とローン抱えて世界一周 ――

おかんトラベラー

子育てはしんどい。

子育てだけじゃない。
仕事も、家事も、自分のことも大変。

子どもが生まれてからは
自分のことはあとまわしになった。
家のローンを組んだときに
もう自分の好きなことに
お金を使えないと思った。
それが当たり前なんだって。

海外に行くのが好きだった。
でも、家を買ったときに
「海外に行くのは、子どもたちが
大きくなってから」とあきらめた。
だって、お母さんになったから。
次は子どもの夢を応援する番だから。

でも、本当にそれでいい？

毎日、
異次元の速さで流れていく時間。
自由に海外を旅する人を見るとうらやましくて、
そのたびにローンもあるし
子どももいるんだから我慢しようと
自分に言い聞かせた。

そんな自分が嫌だった。

この気持ちを
あと何年も抱えて
生きていくなんて
それこそしんどい。

だったら。

だったら。
自分の考えを変えればいい。
今この子たちと行けばいい。
子どもがそばに
いてくれる今しか
できないことがあるはずだ。
子連れにしかできない
ことがあるはずだ。

まず一歩を踏みだした。
応援してくれる人が現れた。
賛成してくれる家族がいた。

一歩踏みだすと、
新しい世界が広がった。

子どもがいることを
言い訳にしていたのは
私自身。
子どもがいることは
旅ができない理由には
ならなかった。

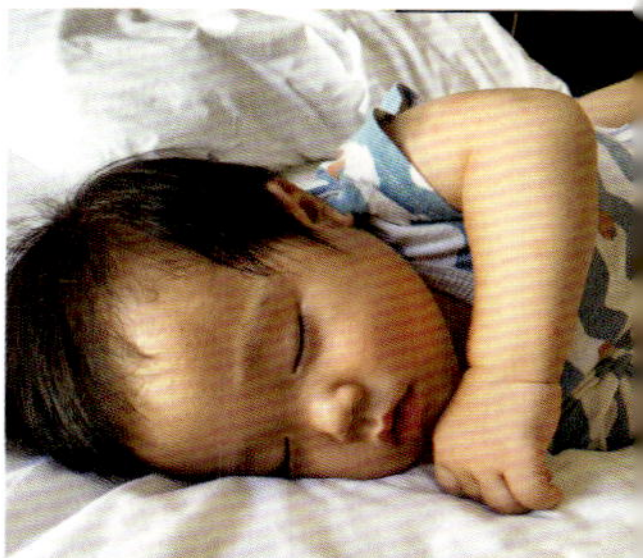

自分の夢はあきらめない。

だから私は
子どもと一緒に
旅にでる。

CONTENTS

Column

8か国目
カナダ
P100
TO JAPAN!
9か国目
アメリカ
P116
10か国目
メキシコ
P134
11か国目
グアテマラ
P146
12か国目
エクアドル
P156
13か国目
ペルー
P168
14か国目
ボリビア
P178

家族紹介

おかんファミリー

大阪在住。子どもが生まれてから旅をはじめたおかんを筆頭に全国を旅する5人家族。車中泊が大好き。絶景が大好き。現在、45都道府県を訪問。2023年7月から世界一周の旅に出発！

はじめまして、おかんトラベラーとその家族です！

おとん

会社員。育休中に世界一周の旅にでる。警戒心が強めで、おかんの楽観的な考えがたまに理解できない。無類の車好きで、愛車のデリカをこよなく愛している。子どもたちからは「お父さん」と呼ばれている。海外旅は超初心者。

おかん

おかんヒストリーはP208にあるよ！

この本の著者、おかんトラベラー。世界一周の夢をかなえるため正規の仕事を辞めて転身。これまでバックパッカーの経験もないし、英語もカタコト。子どもたちからは「かか」と呼ばれている。基本的にポジティブ＆楽観主義。

末っ子

世界一周にでて４日目で１歳の誕生日を迎える。癒し担当。授乳しながらの旅でいつでもどこでもおっぱいを求める。世界中で愛され、愛を届けてきた。

娘

３歳のときに世界一周に出発。旅の途中で４歳を迎える。お笑い担当。人生何周目なん？ と言いたくなるような達観した発言が多い。

息子

保育園年長のときに世界一周の旅をする。甘えん坊だが、嫌なことは頑なに拒否する意志の強さもあり。妹と弟想いの優しい兄。

Part 1 私が旅にでる理由

まず、私が幼い子どもが3人いても、35年のローンを組んだタイミングで世界一周の旅を決めた理由について話そうと思う。

私はもともと海外を訪れるのが好きだった。でもそれは〝旅行〟としてだ。行ったことがあるのはほとんどがパッケージツアーで、添乗員つきだったり、ホテルがすべて決まっているものばかり。バックパッカーなんてとんでもない。

それでも知らない世界を見られたし、何より私は絶景好き。壮大な景色を肌で感じるとワクワクして、リフレッシュできた。結婚が決まったとき「もう好きにお金が使えない！」と焦って、結婚式の資金を残し、貯金はほとんど旅行に使ったほど（年に5回の海外旅行！笑）好きだった。

人生を変えたふたつのできごと

「世界一周」というのは、かなうかわからない大きな夢で、「子どもが大きくなって定年退職したあとに実現できればいいな」と思っていた。

そんな私が世界一周を現実的に考えはじめたふたつのできごとがある。

まず、家を建てたこと。

世界一周を決める2年前、第二子（娘）が生まれ、家を建てることになった。子どもが生まれたら次は家や！と思い込んでいたので、そこに迷いはなかったのだけど、ローンを組むときに受けたファイナンシャルプランナー（FP）さんとの無料相談で、私は現実を突きつけられた。

「旅行は年に何回行きたいですか？」

FPさんの質問に私は答えた。

「そうですね、年に1回は行きたいですよね。本当は2～3回行きたいけど……」

自分で言いながら、私はひどく落ち込んだ。本来なら「マイホームや！」と手放しで喜ぶべきところなのかもしれないけれど、気持ちが沈んだ。

「ローン組んでしまった……、本当に旅行できへんな。私、海外好きやったのに。なんで好きなことをできへん人生を選んでしまったんやろ」

完全なるマイホームブルー。

身近な人が家族旅行を楽しむ話を聞いては、うらやましくて仕方がなかった。そんな私の姿を見て、おとんはあきれていた。

でも落ち込むだけ落ち込んで、ある日思った。

「うらやましいって思うってことは、自分はそうなれるって思っているからじゃないか」

私がうらやましいと思うのは、子どもと一緒にいろんなところに行っている人。自由に働きながら旅をしている人。じゃあ、そうなればいいやん。

吹っ切れたら早かった。

私はまず**インスタグラムをはじめた**。これが私の人生を大きく変えたもうひとつのできごと。どうやったら理想の人生を手に入れられるかはわからないけれど、とりあえず発信してみよう。応援してくれる人が増えたらいいことありそうだ！

そう考え、見切り発車で発信をスタート。はじめたばかりのころは、過去に訪れたことのある国内外の写真を投稿していた。あるときインスタグラムで「#子連れ旅」というジャンルで子どもとの〝旅〟をお得に楽しんでいる人たちに出会った。

そうかお金をかけずに旅すればいいんか！

そうして自分なりに車中泊や母子旅をやってみると、最高に楽しかったのだ。その魅力を発信していくにつれ、ありがたいことにフォロワー（通称「おかんず」）はどんどん増えていった。

そんな中、子連れでローンを抱えて世界一周している戸田愛さんに出会った。

「これや！　私も行きたい！」私はすぐにおとんに宣言した。おとんも、希望を見つけて嬉々とする私に「ええんちゃう」と賛成してくれた。

そんなふうに決まった世界一周。

おとんと私は、そのタイミングに悩んでいたが、第三子（末っ子）の妊娠がわかり、そこで世界一周のタイミングが決まった。

「末っ子が無事生まれて、1歳になるタイミングで出発すれば、息子が小学校にあがる前までに戻ってこられるからええんちゃうん？」

1歳なら離乳食もかなり進んでいるし、アレルギーの有無もある程度わかる。おとんもそれには異論がないようだった。ただ問題はある。仕事と保育園とお金の問題。

正規の仕事を辞めても行きたい

末っ子の育休中に私は正規の仕事を辞める決断

をした。インスタグラムである程度の収入が見込めると思えたのも大きい。安定した収入がなくなるということに不安がなかったわけではないけれど、挑戦してみたいという気持ちが優った。

ではおとんの仕事はどうする?

おとんは当初、世界一周に行くために仕事を退職または休職するつもりでいた。どちらにするかは会社の判断に託して、出発の3か月前に会社に相談。すると会社から予想外の返事があった。

「育休とって行ったら?」

ありがたすぎる提案！　確かに世界一周中も育児はするしな。

実はおとんは3か月の育休をすでに取得済みだった（なんと会社初！）。だけど2022年から可能になった「育児休業分割取得」でさらに育休をとれることになったのだ。

次に息子と娘の保育園。本来、認可保育園の場合、2か月以上の長期休みは退園となることが多い。しかし調べると、私が住んでいる自治体では、親の仕事に関わることの場合は、在籍させてくれる場合があるという。正規の仕事を辞めた私は、インスタグラマーが仕事。世界一周中も発信しながら収入を得るつもり。それを自治体に相談すると、保育園に籍を残してもらえることになった。

残る問題はお金。私はインスタグラムで収入を得ながら旅して、全額をまかなう予定だったが、現実はそんなに甘くはなかった。

どうしよう……悩んでいると、おとんが貸してくれることになった（我が家は財布が別）。

実際にかかったお金全体の約7割がおとんから借りたお金。残りは私の独身時代からの隠し貯金とインスタグラムの収益でまかなった。

これで私はおとんへの返済のために、頑張って稼がないといけない運命になったのだが、後悔はしていない。

英語コーチングでの気づき

私は英語に自信がない。実は、22歳のときにロンドンに1か月間留学していた経験があるのだけれど、みなさんが想像しているよりもまったく話せない。

実は、最初、私は世界一周ではなく「ロンドンに親子留学」を考えていた。ロンドンなら行ったことがあるし、大好きな街だったから。それに向けて英会話を勉強しようと思い、まずはオンラインで英語のコーチングを受けた。このコーチングでは英語で話しながら自分の考えを紐解いてくれた。そこで「私は留学ではなくて、いろんなところに行きたいと思っている」という気づきを得た。

またこの英語コーチングによって、英語をどうやって発音するかの基礎が少しできて、海外の人に話しかけるハードルが少し下がった。これは本当に受けてよかったと思っている。

ルートがなかなか決まらない！

世界一周に出発するのは末っ子が1歳の誕生日を迎える２０２３年の7月というのは早々に決まった。出発に向けてその年の1月から準備をはじめたのだけど、出発まで2か月を切ってもルートは決まっていなかった。

そんな私たちを助けてくれたのが、インスタグラムを通して出会った旅のスペシャリスト、マサシさんと、かかのふたりだ。ふたりとも子どもと世界を2周している。

マサシさんは今まで１５０以上の国を旅している。かかは、元バックパッカーで、旅行会社とホテル勤務も経験している。ふたりがいなかったら、私たちの旅は成立しなかった。

ふたりにアドバイスをもらって実際にルートが決まり、世界一周航空券を発券できたのは出発の1か月前だった。

私にとって初めての子連れ海外が世界一周。子どもたちには出発の半年前から「世界一周に行くで！」と伝えていた。世界地図をいつでも見渡せるようにリビングの床に敷いてみたり、『マップス　新・世界図絵』（徳間書店）というイラストで国の紹介をしてくれている本を見せた。

春になると息子と娘は「世界一周するねん！」と保育園のお友達に言っていたし、しばらく家には帰らないこともわかってきていた。そんな子どもたちのいちばんの心配ごとは「クリスマスのサンタさんどうするの？」だった（笑）。

出発する直前まで準備は続いた。

車中泊に慣れている我が家は、当日行き先を決めることも多い。目的地も決めないまま出発することもある。しかし、初子連れ海外、しかも世界一周、バックパッカー経験もないし、語学に自信もない。さすがに余裕を持って準備するだろうと思っていたが、そんなことはなかった（苦笑）。

こうしてバタバタと幕を開けた、3人の子どもとローンを抱えた世界一周の旅。旅慣れていない私たちだからこそ「いつか子連れで海外に旅してみたいな」と思っている全国のお母さん・お父さんに伝えられることがあると思う。ハプニングだらけの私たちの旅を見て、世界一周とまでは行かなくても**「おかんが行けたんだから、私も子連れ海外行ってみよう！」**と思ってくれる人がいたら、こんなに嬉しいことはない。

Part 2

世界一周200日間の記録

／1・3・5歳 子ども3人とローンを抱えて／

おかんとおとんの副音声的な（？）
振り返りも必読！

▶▶ 1か国目 タイ ／ 1st country Thailand

いよいよ出発！ 記念すべき1か国目はタイ そこはいわば「難易度高い日本」だった

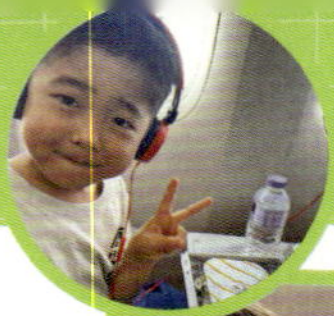

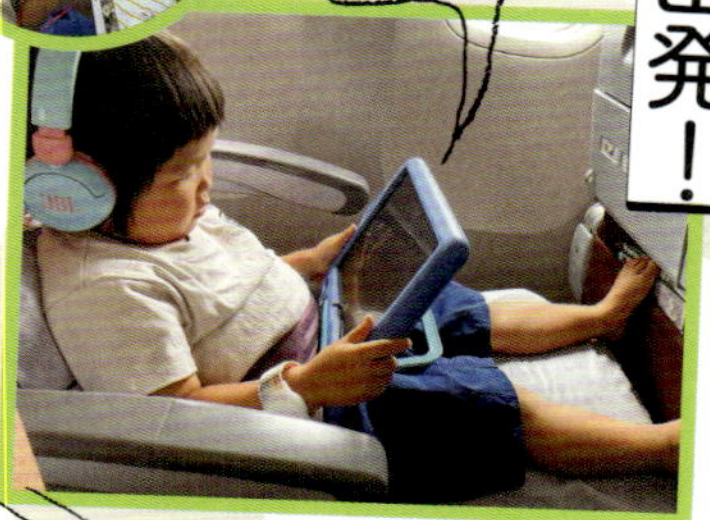

子連れ旅の必須アイテム タブレット

出発！

安心の地 セブンイレブン

警戒心MAXのおとん屋台飯を拒否

せっかくのタイでなんでコンビニ弁当やねん

ベッドボードがテーブル代わり

弁当おいしい

副反応でダウン

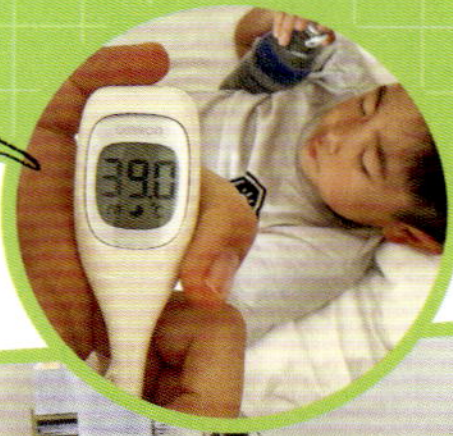

観光もしっかりできた

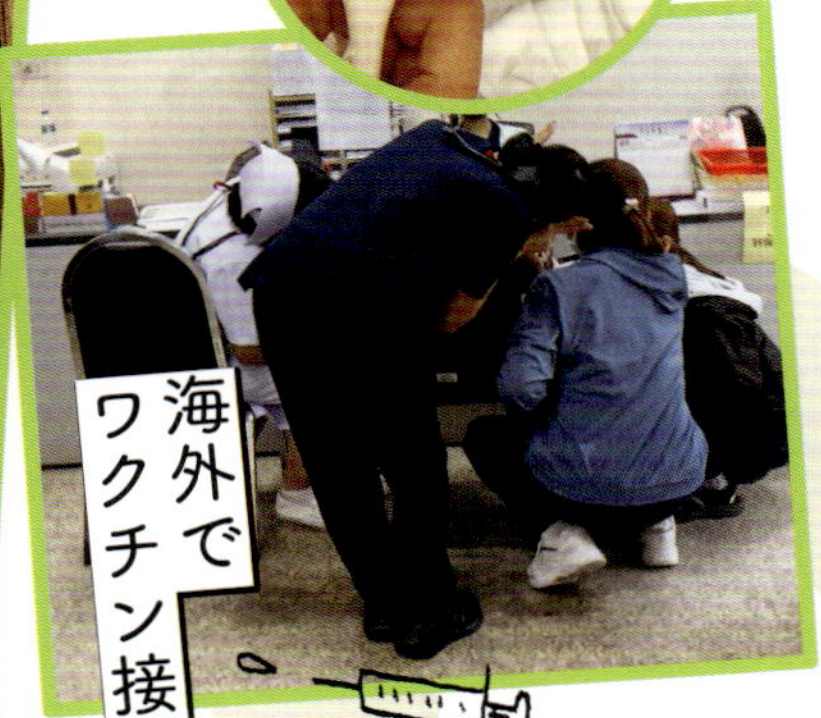

海外でワクチン接種

タイの旅、行ってみよう！

子どもたちアイドル状態

ぼったくり事件発生！

タイは子連れに優しすぎる

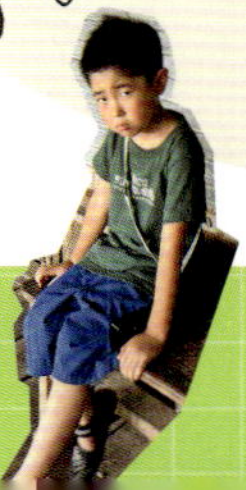

暑さで不機嫌

いよいよ出発！　最初のフライトはタイ航空で関西国際空港からバンコクまで。我々は、バックパッカー経験がなく、海外もツアーでしか行ったことがない夫婦。そんなふたりがまだ幼い子どもを3人連れて旅するなんて（しかも世界一周！）、うまくいくものじゃないとはわかっている。でも、それでいい。**この旅にも必ず意味がある**。どんなときも家族5人で乗り越えよう。

飛行機の搭乗する前に5人で円陣を組んで「えいえいおー！」と勢いをつけて準備はＯＫ！　いざ、世界一周の旅へ！

初・子連れ国際線。窓側は座ったらあかん…

座席は子ども2名と大人2名分（末っ子はまだ料金がかからない）。私は、3列シートの窓側2席を前後で確保していた。だってせっかくの飛行機、空見たいやん！子どもたちにも見せたいやん！　ということで子どもたちを窓側の席に座らせた。前の列の窓際に息子、その隣に私と末っ子、後ろの列の窓際に娘、隣におとん。

飛行機が離陸すると、いよいよだという高揚感に包まれる。

どこまでも続く青い海、そして空と白い雲。見たこともない地形や何もない大地。この景色は自分が知らない世界に足を踏み入れるときにしか見られない特別な

フライトは新しく買ったタブレットで快適～！

もの。やっぱり飛行機から見おろす景色は最高やなぁ。息子の頭ごしに外を眺める。息子も「雲食べてみたい！」などとかわいらしいことを言って、楽しそうに外を眺めていた。しあわせな気持ちに浸っていた私だったが、このあと座席選びの失敗に気づく。隣に座っていた息子が「トイレ行きたい」と言いだしたのだ。よし、行こうか、と席を立ったはいいものの……。

げっ。トイレ、めっちゃ行きにくいやん。

通路側には見ず知らずの乗客。末っ子をまず後ろのおとんに預けて、息子と私は「すみません、通ります」と通してもらう。

席に座ってほっとしたところで、今度は後ろから娘の声が聞こえる。

「かかートイレ行きたい」

まじか。次はおとんが「すみません……」と席を立つ。フライト時間2時間程度

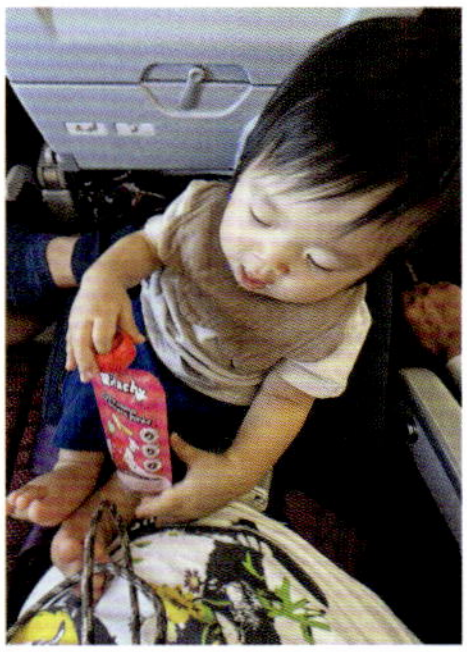

上）「え？　飛行機でごはんでてくるん？　やった！」と初めての機内食に大喜び！
下）末っ子は授乳と昼寝でごまかししながら、おとんと私で交代でお世話

おかん　飛行機の中はタブレット様々やったね

おとん　映画観たり、学習アプリしたり。ありがたかったな

おかん　娘なんて足放りだしながらタブレット見て、初のロングフライトとは思えへんくつろぎっぷりやったで

おとん　しかも離陸30分で爆睡したしな

おかん　内心ドキドキしてるおとんより肝座ってたわ！

の国内線であれば、1回あるかないかのトイレタイムだけれど、今回は6時間。完全に失敗した。

「うわ、末っ子うんちしてるやん」「何度もすみません！」

「かかーうんちでそう」「またかいな！　本当にすみません」

フライトも後半になると、隣の方に申し訳なさすぎて、顔向けできない状態となっていた。**次のフライトからは、絶対に通路側にする。**そう決めた。

着いた先は「子連れに優しい国」

バンコクに到着。入国審査でさっそく「子連れはこっち！」と優先レーンに案内された。「タイは子連れに優しい」とは聞いていたが、入国30分で実感。

タイの人たちはとにかく子どもに対してフレンドリーだった。どのお店に入っても、必ず「かわいー!!」と言って、手を振ってくれる。

我が子を「かわいい！」と言ってくれるのってこんなに嬉しいことなんや。日本でも言われることはあるけれど、タイの人たちのそれはさらに心の距離が近い感覚。「ここにいてもいいよ」と言ってもらっているようだった。

子連れがこんなに歓迎されるなんて……私の心が満たされていく。それだけでも

この旅でもなくてはならない存在になったベビーカー

タイに来た価値があったなと感じた。

ホテルもとても過ごしやすかった。ロビーで待っているとスタッフの人達がわざわざフロントからでてきて、子どもたちとふれあってくれる。廊下ですれ違うたびに子どもにタッチしてくれ、話しかけてくれる。

それは観光地でも、街でも。道に迷っていれば子どもの手を引いて連れて行ってくれるし、船に乗れば、そこにいる人みんなが末っ子のことをあやしてくれる。そしてかなりの頻度で「写真撮ってもいい？」と声をかけられる。応えて一緒に写真を撮ることが何度もあった。うちの子、アイドルなのか？ と思ってしまうほど。

さすが微笑みの国タイ。子どもを見るといっつもニッコニコ。子連れ旅ならではの体験だ。今の日本にないものがここにあるような気がした。**「かわいい」という言葉だけでこんなにしあわせな気持ちになれるのか**。それなら私は、日本の子どもたちにそう言える自分でありたい。「変なおばさん」と思われるかもしれないけれど、気にしない。

近くて遠いよ、タイの屋台飯

タイといえば屋台飯。私は屋台飯を楽しみにしていたので、2日目の朝からホテ

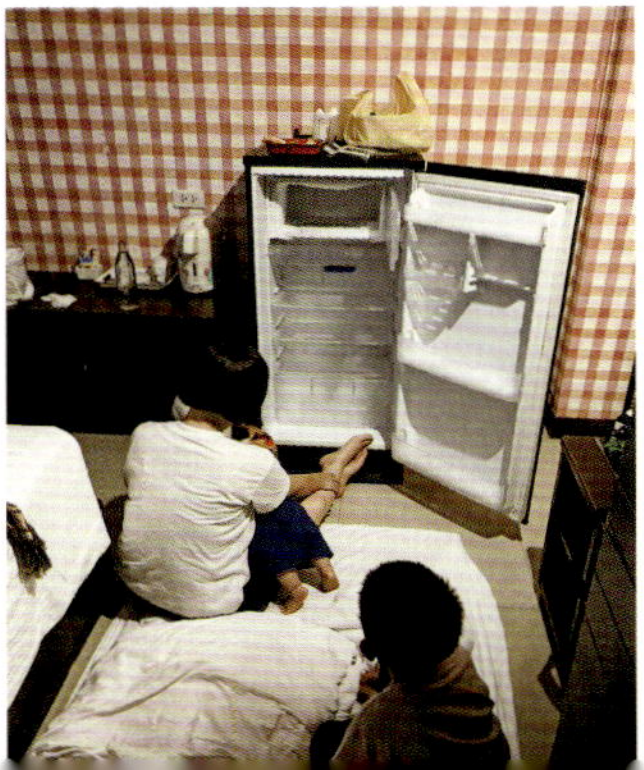

タイのホテルに着いた途端に停電というハプニング！　エアコンもつかず、冷蔵庫に残った冷気で涼む

ル前にある屋台で朝食を買おうと思っていた。そんな私に「こんなん絶対腹壊すやん」と大ブーイングだったのはおとん。おとんは海外に対して警戒心MAX。入国審査、タクシー、ホテルのやりとりなど、人と関わることにおいては全部私に任せっきりだった。

子どもたちを味方につけようと屋台飯に誘うも、子どもたちも「パンがいい！」「パン食べたい〜！」と言う。

誰も一緒に屋台飯を楽しんでくれへんやん……。

結局、私たちが向かったのはセブンイレブン（バンコクには数多くある）。

タイに来てまでセブンイレブンかい……と思ったけれど、海外の見知らぬ土地で、セブンイレブンの安心感はすごかった。ランチパックやポッキーなど日本でもおなじみの商品が並べられていて、**そこはもう、ほぼ日本！** 海外慣れしていない私たちにとっては安心できる場所だった。

セブンイレブンというなじみのある場所だからか、おとんも自分で買い物をすることができた。おとん、ひとつレベルアップ。

バンコクにはセブンレブン以外にも、吉野家など日系企業が多くあり、**いわば「難易度高い日本」**。だから子どものごはんを心配する必要もなし！ なんとでもなる。

1か国目をタイにして本当によかった。

子どもたちも異国のセブンイレブンに大感激！

子どもと旅なんて大変だ。
じゃあ家にいたらラク？
余裕があるから
旅にでるんじゃない。
旅にでるから余裕ができる。
だから子どもと旅しよう

ホテルに戻り、セブンイレブンで温めてもらった弁当やパンをベッドの上で食べる子どもたち。それを見ていると「日本にいるのと全然変わらんやん！ 私だけでも屋台飯食べる！」と、いてもたってもいられずホテル前の屋台へと向かう。

ガイトートという鶏の唐揚げと、カオニャオというもち米のセットで40バーツ（約160円）。

安くておいしい！

やっぱり食は旅行の醍醐味やん!? もっと現地っぽいものを食べたい私。さて、警戒心が強いおとんと、好きなものを食べたい子どもたちをどう誘うか……。

私はショッピングモールのフードコートを提案した。

2日目から滞在するホテルの目の前には、アイコンサイアムというショッピングモールがあった。ここには、屋台の雰囲気を存分に味わえるフードコートがあるのだ。値段は屋台より高くはなるが、おそらく衛生状態も悪くないし、タイらしいごはんもたくさんある。

この提案にはみんな異論はなく、私は「ついにタイのごはんを満喫できるぅ～！」とワクワクしてフードコートに向かったのだが……。

「あ！ ラーメンがある！ ラーメンがいい！」

フードコートまで辿り着く前に息子がラーメン屋さんを見つけてしまった。セブ

右）おかん、初の屋台飯ゲット！
左）フードコートには子どもたちも食べられるからくないごはんも多かった

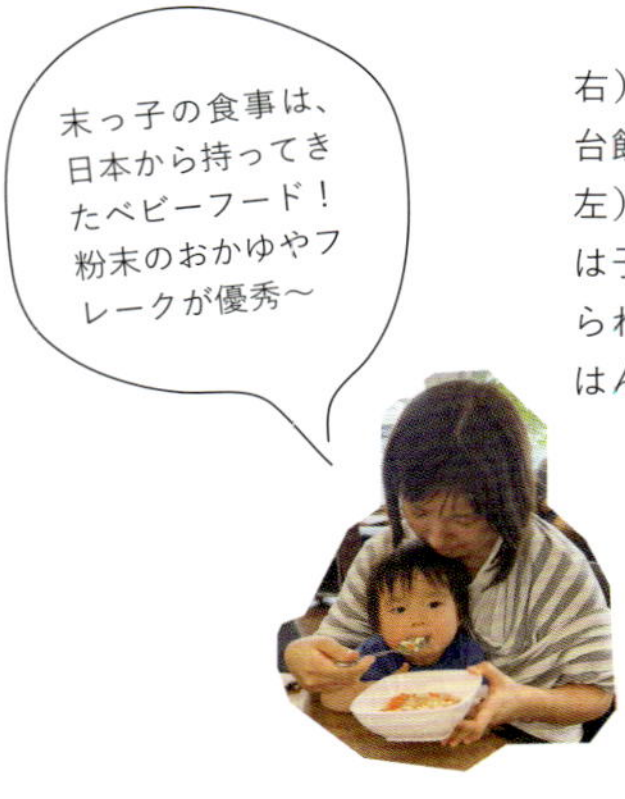
末っ子の食事は、日本から持ってきたベビーフード！粉末のおかゆやフレークが優秀～

ンイレブンで選んだ弁当がことごとく好みではなかった息子。大好物のラーメンなら間違いないと思ったのか、「絶対ラーメンがいい！」と意思は固い。それに乗っかって来たのが、ラーメン大好きおとん。「いいやん！　ラーメンにしよう」

がっくり。**なんでタイに来てまでラーメンやねん。**

洗礼!? ぼったくりマーケット事件

タイ6日目。ぼったくりに遭う。

発端は前日。子どもたちとホテルから市場までトゥクトゥクで移動した。子どもたちは初めてのトゥクトゥクに大喜び。そのドライバーのお兄さんが「明日水上マーケットに行かないか？」と誘ってきた。しかも安くしてくれるという。私も水上マーケットに行ってみたかったので、お願いすることにした。

翌朝、お兄さんが連れて行ってくれた先は、私が行きたかったところではなく、怪しさ満点の水上マーケットの入り口。直感的に「なんか怪しい」と悟った。

車から降りると、お姉さんが近づいてきて「ツアー代を払え」と英語でまくしし立ててくる。しかも9000バーツ（約3万6000円）だと。

いや、話と違うし、高すぎやろ！

おかん

なんでタイに来てまでラーメンなん？　3回は食べたで

うまそうやったから。ここで食べとかな、どんどん日本から遠ざかって行くやん

おかん

結局おとんは屋台飯食べへんかったしな。フードコートで屋台飯風のは食べてたけど

いやいやあれはれっきとした屋台飯や！　日本のフードコートで食べるそばがそばであるように！

ここは大阪人、負けてはいられない。「トゥ、エクスペンシブ！」を連呼し、絶対にイエスとは言わない。それでも相手は一歩も譲らないので、タイに住む友人のさとみさんにヘルプの電話をすることにした。するとさとみさんは、「連れてきたドライバーと直接交渉したほうがいい」とアドバイスをくれた。

私はスマホの地図アプリで行くはずだったダムヌン・サドゥアック水上マーケットの場所を印して、ドライバーのお兄さんにカタコトの英語で「ここに行きたい！２００バーツで連れてって」と伝えまくった（強盗などには抵抗しないことだ）。

私とお兄さんのやりとりに「怖い〜」「今からどこ行くん？」と心配そうな子どもたち。おとんもビビり気味。何度か断られたが、「こいつはもう引かないな」と思ってくれたのか、しぶしぶ納得してくれ、別の水上マーケットに連れて行ってくれることになった。ぼったくり回避成功！

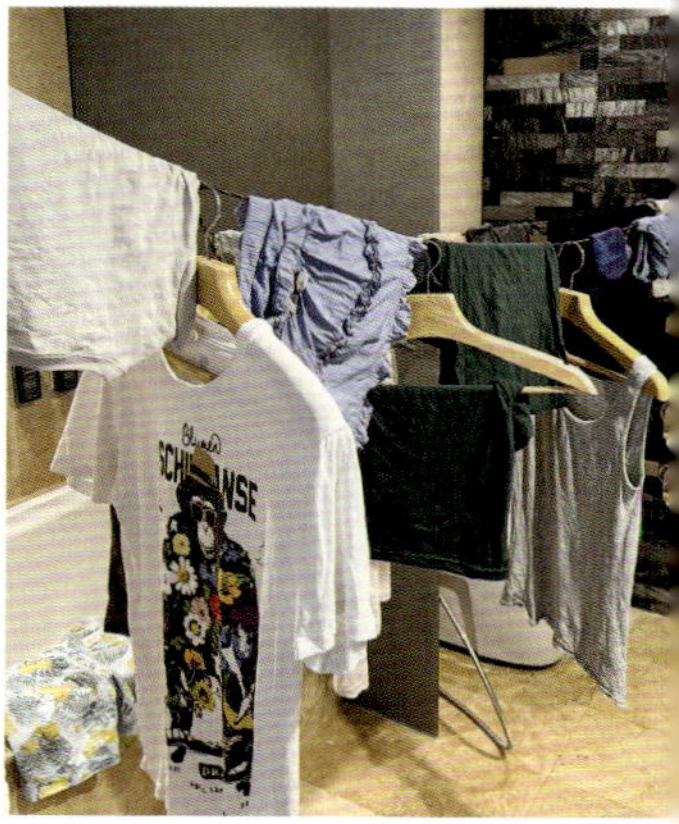

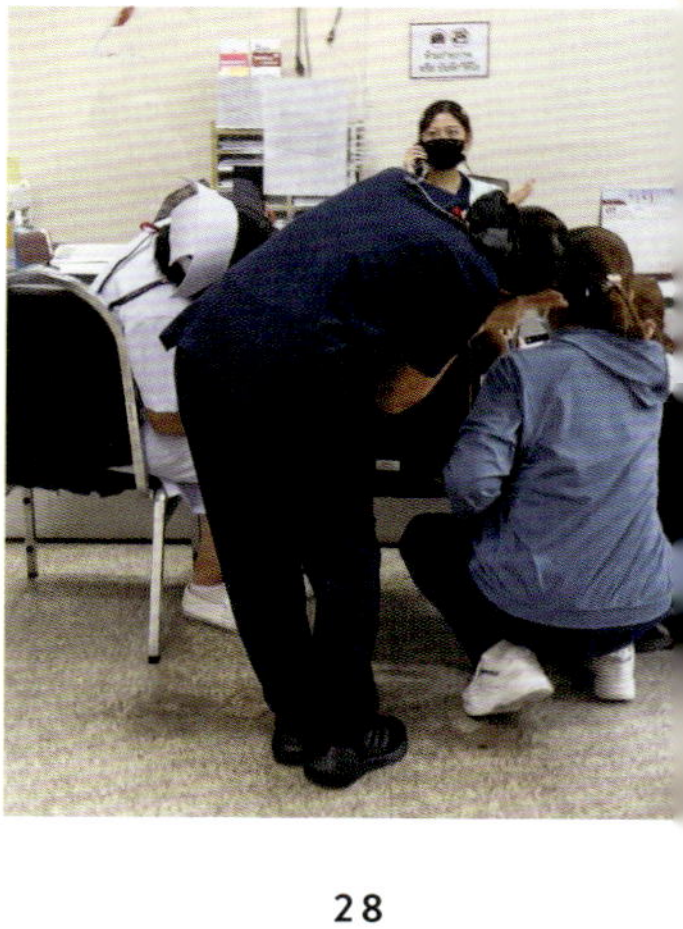

上）タイでの移動はほとんどタクシー。「Grab」というタクシー配車アプリが大活躍
中）洗濯はホテルでおとんが手洗い。ホテル室内で部屋干し（もう家やん）
下）タイではワクチンの接種も（日本より格安！）。おとんと息子、末っ子は翌日39度の熱（副反応）でダウン

楽しみにしていたゾウに乗ることも、鉄道市場に行くこともできなかったけれど、ぼったられそうになるという経験ができたのは貴重。だってオモロイやん？ **私は常々、人生の満足度はどれだけ笑えたかにあると思っている。**ぼったくられても命があれば笑い話。それはいい思い出になる。

さて、私に押し切られたお兄さんが連れて行ってくれたのは、アンパワー水上マーケット。リクエストしたダムヌン・サドゥアック水上マーケットちゃうやん（笑）！ これもいい思い出。

旅後記

子連れおすすめ度

★★★★★

「子は国の宝」が根づいている国。とにかく子連れに優しい！

船着場や飲食店、ホテル、お土産屋さん、どこでもその場にいる人たちが必ず子どもたちの手を引いてくれたり、抱っこしてくれる。自然と人に頼ることができる。日本のお母さん・お父さんはタイに来たら感動するんじゃないかな。

食べるものがなくても大丈夫。我らがセブンイレブンがある！ ちなみに店内で焼いてくれるホットサンドがおすすめ。子どもたちもバクバク食べる。

右）ぼったくり事件を回避して乗った船。水上マーケットの伝統的な舟に乗る予定だったのにな

左）荷物は極力少なく。写真もすべてスマホで。スマホがある時代でよかった

子連れが生きやすい！ 日本での子育てに疲れたら またトルコに来たいと 思えるほど最高だった！

トルコの人たちは
みんな子ども大好き！

授乳しんどかった…

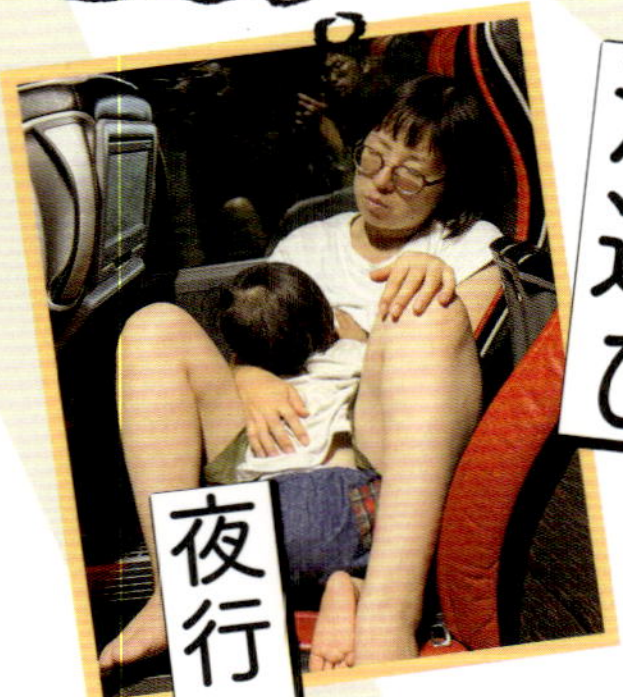

夜行バスで10時間

パムッカレで
泥遊び

大はしゃぎ

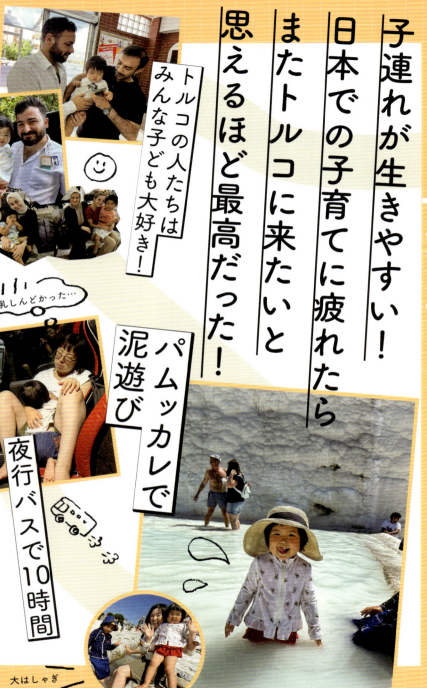

お店のおじさんに
キャンディもらった！

おかん発熱でダウン

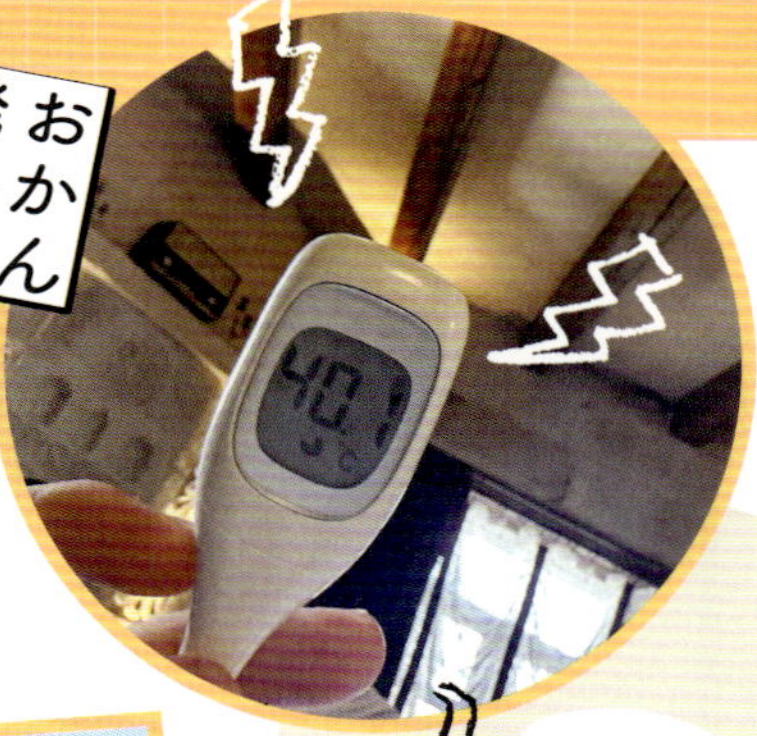

しかも味覚障害に…

トルコの旅、行ってみよう！

念願の熱気球！

この景色が見たかった！

2か国目はトルコ。タイを23時に出発して、トルコに向かう飛行機の中で、私は完全なタイロスに陥っていた。タイの人が優しすぎて、子どもたちにあたたかすぎて、本当に生きやすかったのだ。セブンイレブンもあったし……。もう少しタイに滞在したかったなとタイの人たちに思いを馳せながら10時間。私たちは早朝5時にこれから約3週間滞在するトルコに降り立った。

もう私…トルコで子育てがしたい

私のタイロスは、空港からホテルまでの個人送迎の車の中で吹き飛んだ。ドライバーのお兄さんが「かわいいね！　抱っこしてもいい？」と末っ子を抱っこしてくれたうえ、「ボクにもちいさな子どもがいるんだ」と家族の写真を見せてくれた。そのときの笑顔が素敵で「ああ、きっとトルコもいい国や」と、これからのトルコ旅が俄然楽しみになった（単純）。

トルコの人たちは子どもが大好き。これは、入国してすぐにわかった。パン屋さんに入れば、大人の男性ふたり（お客さん）が子どもたちと遊んでくれるし、売店では帰り際にお菓子をくれる。道を歩けば、手を振ってくれるし、抱っこしてくれる。**みんなまるで我が子のようにかわいがってくれるのだ。**トルコ

右）くれそうでくれないトルコアイス
左）おとんによる末っ子の断髪式がトルコで行われた。爪切り用のハサミを使用（笑）

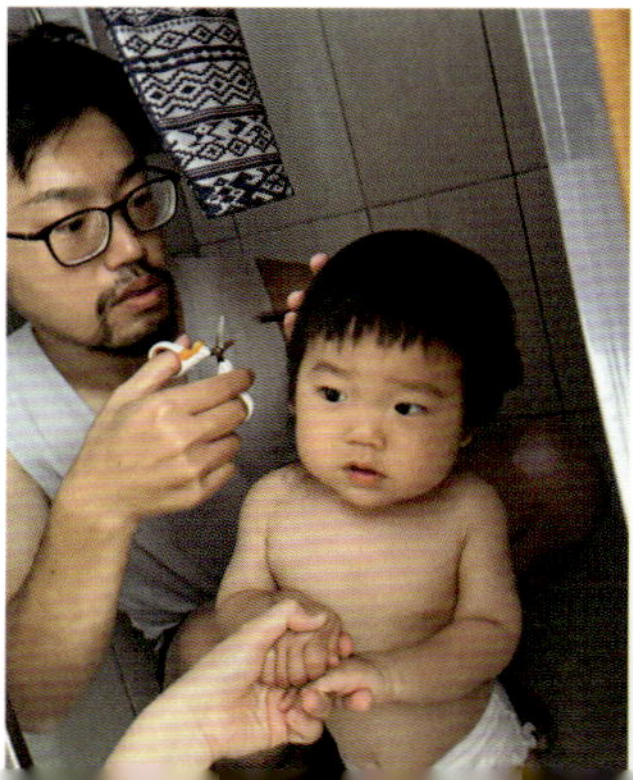

滞在期間中ずっとかわいがられたおかげで、娘はすっかり面食いになった。

特に印象に残っているエピソードがある。

トルコ3日目、息子は「キラキラしている指輪が欲しい」と探していた。

この日、イスタンブールの世界遺産アヤソフィアに向かう予定にしていた私たち。

その途中でちいさなお土産屋さんに寄って、「この子が指輪を探しています。サイズはありますか?」と翻訳アプリを使って聞いてみた。すると、お店のお姉さんが「子ども用のブレスレットならあるよ!」とブルーのビーズがついたブレスレットをふたつ持ってきてくれて、息子と娘につけてくれた。私が「ハウマッチ?」と尋ねると、「いいよ! あげる!」と、まさかの売り物をプレゼントしてくれた。

そして「めちゃくちゃかわいい〜! 来てくれてありがとう」と出会えたことを心から喜んでくれた。さらに、「うちの子、子どもが大好きなの! だから見せたい!」と一緒に写真を撮って、家族にシェアしてくれた。

上)子どもたちにブレスレットをくれたお姉さん。笑顔がとっても素敵な人やったな〜
下)「日本はトルコが地震のときにいちばんに助けにきてくれました。本当にありがとう!」と話しかけてきてくれた男性がいた

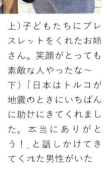

あぁ、嬉しいなぁ。

この翌日、電車に乗ったときも、子ども好きの国民性に触れた。日本では、ベビーカーで電車に乗り込むとき「すみません」を連呼して気を遣っているお母さん・お父さんは多いと思う。SNS上でも「満員電車にベビーカーは迷惑」「うるさい」と子連れで電車に乗ることを批判する声が目についてしまうから、つい人の目が気になってしまう人も多いだろう。

でも、トルコではまったく違った。子どもを連れていると、乗るときにみんな順番を譲ってくれて最優先にされる。迷うことなく席を譲ってくれる。そして電車に乗っている間はずっと、向かいに座っているお姉さんが目配せして遊んでくれる。泣き声を迷惑だととらえる人もいない。日本で感じる肩身の狭さは一切感じない。

めっちゃええやん!!（涙）。

きっと、日本も優しい人ばかりなんだと思う。ネット上で批判的な声や、他人に子どもを触られたくないという声が目立っているだけで。もちろんその人達の考えを否定するわけではない。

でも本当は、トルコのようにみんなで子育てをすることを望んでいるんじゃないかな。インスタグラムで私の投稿に寄せられるメッセージを通して強く感じる。

おとん

おむつはどこの国でも売ってたな！

おかん

トルコでテープタイプしかなくてびっくりしたけどな！

おとん

私は断然パンツ派やのに。めっちゃショックやったわ

おかん

私は靴を脱がさんでいいテープタイプの便利さに気づいたで！

社会はすぐには変わらないし
他人を変えることはできない。
でも今と自分は変えられる。
今少しの勇気を持って行動していけば、
きっと変わる。

がっかり遺産が、すっかり遊び場に！

トルコ6日目、炎天下の中、水着を着て向かったのは、パムッカレ。パムッカレは石灰石でできた棚田で、トルコ語で「綿の城」という意味がある。その名のとおり石灰が綿のように積もっている。このパムッカレ、世界自然遺産だが、棚田の中を歩くことができる（ただし土足禁止。裸足のみ）。

実はここ、写真で見る美しさと実際の見た目にギャップがあり〝がっかり世界遺産〟といわれることもある。確かに私も、よく目にする写真のように美しく澄んだ青の棚田を想像したので、目の当たりにして「……全然青くないやん」と思ったのは事実。だけど、ここ、子連れには最高の場所だった。

棚田の中に流れてくるのは湧きでた温泉水。足をつけるとぬるま湯で気持ちいい。底には泥のようになった石灰が沈殿している。

水と泥。そう、子どもの大好きと大好きがかけ合わさった場所なのだ。

子どもたちは、公園の泥とはまったく違う石灰の泥を触っては「ベタベタする！」「ぬるぬるする！」と初めての感触に大はしゃぎ。「ぺったんぺったんぽいぽいぽいぽい♪」と歌いながら石灰の泥ケーキを作ったり、自分のからだや私の足に塗りたくっ

右）パムッカレでは水が流れ込むところがあり、子どもたちはそれに逆らってどんどん進んでいく。まるで沢登り！
左）パムッカレのあるデニズリ村では家族経営のちいさな宿に宿泊。子どもたちのことをたくさんかわいがってくれた。忘れられない宿

たり。めっちゃ楽しそう。

とにかく夢中で遊び続ける。保育園、国内、海外でも、**どんな場所でも子どもたちを魅了させる泥んこってすごいわ**。

息子が生まれてすぐのころは、おでかけは動物園や水族館、遊び施設……と、子どもが喜びそうなところに連れて行かないとと、必死になっていた。けど、旅をするようになり気づいたことは、子どもにとっては、水と泥んこ、砂、石があれば、そこが遊び場になるということ。しかも自然はいつも同じではないからおもしろい。もちろん、遊園地や動物園、水族館も素晴らしいけれど、自然の中で遊ぶ子どもの目は、いきいきして見える。

私が感動している中、おとんは寝てしまった末っ子と木陰で待機していた。「おとんも行ってきたらいいやん」と誘ってみるが、「あんなに人がたくさん入ってて、絶対水循環してないし、きれいなわけないやん」と相変わらず警戒心MAX。まったく乗り気ではない。

確かにさすがの人気スポット。人でごった返していた。私は「こんなとこまた来ようと思っても、すぐに来られへんから、入っとこ！」と思うタイプだけど、おとんは違うらしい。そんな性格なのに、よく世界一周を決めてくれたな（笑）。

おとん、棚田にちょっとだけ入りに行ったけどすぐ戻ってきたよな

だって、髪の毛浮きすぎやってんもん…

日本でおとんがきれい好きやと思ったことなかったけど、世界一周にでてから、ちょいちょい「潔癖なん？」って思うことあったな（笑）

こんな私でも世界一周できたってすごない!?

洞窟ホテルでおかん発熱

夜行バスで10時間かけて、デニズリからカッパドキアへ移動した（授乳しながらの夜行バスはなかなかの苦行だった）。カッパドキアを訪れた最大の目的は、熱気球に乗ること。

泊まるのは憧れだった洞窟ホテルにした。奮発して1泊2万円。エアコンはないけれど、部屋の中は涼しくて快適。

カッパドキアの街には、いたるところに不思議なかたちをした大きな岩がある。何千年もの月日をかけて、自然が創りだした岩なのだ。自然と共存しているとても美しい街だった。カッパドキアでは地下都市や野外博物館、カッパドキアを一望できるピジョンバレーなどを巡るプライベートツアーに参加した。その翌日、まさかの事態が起こる。

おかん、発熱。

人生初の40度台をカッパドキアで記録。これはさすがに病院に行ったほうがよさそう。

しかし、海外で病院に行くって、どうすればいいんや。

カッパドキアには奇妙なかたちをした岩がたくさん。岩を登ったり、岩の穴に入ったりできて楽しい

頼れるのはあの人しかいない。プライベートツアーを手配してくれたカッパドキア在住の日本人、現地ガイドのサイマズ陽子さんだ。

陽子さんに連絡をすると、なんと病院に連れて行ってくれることになった。授乳のことがあるので、末っ子も連れて救急病院へ。陽子さんが症状を通訳してくれて、本当に心の底から安心できた。血液検査、検便の検査結果は異常なし。点滴を打ってもらうと劇的にラクになった。

私が点滴をしてもらっている間、陽子さんは末っ子の面倒を見てくれていた。お医者さん、看護師さん、受付の人、みんなが末っ子をかわいがってくれて、最終的には大撮影大会になっていたらしい（笑）。

陽子さんから聞いた話だけど、**トルコでは、子どもが泣くのは親のせいではなくまわりの大人のせいだという考え**らしい。だから子どもが泣いたらみんながあやしてくれるのだ。そして、トルコでは子連れが最強という。たとえば市役所。日本と同じで窓口時間が終了した直後に駆けんでも受け付けてもらえないのだけど、子どもを連れて「子どもを連れてきてるんだけど！」と言うと、対応してもらえるらしい。それくらい子連れの親は大きな顔をしていい。うらやましすぎる。

ちなみに翌日、おとんが発熱し、まったく同じ経緯を巡ったのだった……。医療費は全部で約30万。保険のおかげで全額返ってきた（P114参照）。

私が点滴を打っている間、末っ子は医師たちにかわいがられ、写真をたくさん撮られていた（笑）

おかんの夢がひとつかなった日

カッパドキアを訪れた最大の目的は「熱気球に乗ること」。これは私が死ぬまでにやりたい100のことのひとつ。ホテルで気球に乗るツアーの金額を聞いてみると、ひとり110ユーロ（約1万7600円）。かなり高いけれど、絶対に乗りたい。

気球に乗れるのは6歳以上なので、娘と末っ子は乗れない（息子は翌月に6歳になるので、それを伝えたらOKしてもらえた）。申し訳ないが、おとん、娘、末っ子の3人は、ホテルでお留守番してもらうことにした。

早朝4時にホテルを出発。バンを走らせているうちにどんどん空が明るくなっていく。出発地に着くと大きな気球がそこにあった。気球がどんどん膨らんでいく様子を見て、私の期待もどんどん膨らんでいった。

いよいよ、夢がひとつかなう。

胸の高鳴りもピークに達したとき、「今日は強風で飛びません」とスタッフさん。

えぇーーーーー。

落胆。ほかのツアー客も同じように落胆している。夏以外は風の影響でキャンセルになる確率が高いと聞くが、訪れたのは夏。夏は9割飛ぶと聞いていたのに。

おかん
この発熱のあと私だけ味覚障害になって…
おとん
めっちゃ落ち込んでたな
おかん
食べるの好きやから、絶望したわ。それでおとんが調べてくれて「亜鉛が足りひんのかも！」って亜鉛入りのグミを買ってきてくれてんな！
おとん
そそ、それ食べたらすぐ治ってたよな（笑）

でも、せっかくここまで来たのだから、絶対乗りたい。夢だから！

私は翌日リベンジすることにした。翌日も早朝に出発。バンに乗って外を眺めていると、空に浮かぶ気球が見えた。よし、今日は飛ぶ！

私たちが乗り込んだのは、紫と白の気球だった。触ると思っていたよりも薄くって、あぁ、いよいよ乗るのかとしみじみ。

ゴーーーーという轟音とともに炎が燃えあがる。いよいよ離陸。

どんどん空へと昇っていく。鳥になったような気持ち。

そして、またひとつ、またひとつと気球が空にあがっていく。カッパドキアの奇岩を背景にして、空いっぱいに百を超える色とりどりの気球が浮かぶ。

この景色を本当に見れる日がくるなんて、一歩踏みだしてよかった。この景色を息子と一緒に見ることができて、本当に来てよかった。

いつか行きたい。そう言いながらも心のどこかでお金と時間を理由にあきらめている自分がいた。**そりゃあきらめるよな、子ども産んだんやもん。**子どもには苦労させたくないし、やりたいことやらせてあげたい。そのためには仕事も辞められないし、海外旅行にお金に使えない。でもそのために自分の夢をあきらめる？

それは違うんじゃないか。自分の夢も子どもの夢もどっちも応援できる母になる！

カッパドキアでは、なんと私たちの世界一周のルートを決めるサポートをしてくれた恩人マサシさんファミリーと合流！　一緒に気球に乗れた～

死ぬまでに行きたいところが
あるなら、行こう。
いつ行くか決めよう。
大丈夫、絶対行ける。

子どもには夢はあきらめなければ必ずかなう！　と伝えたい。その私が夢をあきらめてどうする。親が夢をかなえる姿を見て、子どもは言葉がなくても感じてくれると信じている。そう思って世界一周を決意した。

かか、ひとつ夢がかなったよ。

感無量という気持ちで、ふと息子を見ると、完全に飽きて、景色も見ずにしゃがみ込んでいた。

旅後記

子連れおすすめ度

★★★★★

子ども好きな国民性が魅力！海外デビューにおすすめ

トルコの人は老若男女問わず本当に子ども好き。みんな我が子のように、抱っこして、ほっぺを指でちょんちょんとして、頬ずり、キス。スキンシップが当たり前。眼差しからも愛を感じる。
娘はかわいがられすぎて、「抱っこはこの人がいい」などとすっかり面食いに。しかも、親日家が多いので過ごしやすい。ただ飛行機で10時間かかって時差もあるので、タイのほうが行きやすいかも。

おかん

気球、一度キャンセルになって、料金は戻ってこないどころか、翌日乗るのに追加でひとり70ユーロ（1万2000円）払わなあかんくなったのは、納得いかんかったわ！

おとん

乗りたい人は値段に関係なく乗るからって言われてたな

おかん

そんな高いお金払ったのに息子は離陸20分で飽きてるし（笑）

おとん

でも、経験はプライスレス！

3か国目 エジプト / 3rd country Egypt

「なんでやねん！」を連発!?

一生に一度は行きたかったエジプトは、大阪人的につっこみどころ満載の国だった！

到着…が!!
深夜2時の空港で
路頭に迷う

迎えの人が
おら〜ん

なんでや!?
水がでない!!

ペットボトルで
しのぐ！

エジプトで
海デビュー！

カエルちゃんの
浮き輪をゲット

念願のピラミッド

6時間のバス移動

おとん考えられへん大惨事

バザールは大阪のニオイがする

商売上手な人たち

エジプトの旅、行ってみよう！

直前で行き先を変えて向かったのはエジプトだった。本来行く予定だったのはクロアチア。でも、クロアチアに住んでいるインスタグラムで出会った知り合いから、「8月中旬はピークシーズン。暑さと人混みで、子ども連れだと本当に大変よ」と言われ、行き先変更。トルコから行きやすく、物価が安い国……と考えてでてきた候補がエジプトだったのだ。ピラミッド見たいし！

末っ子、エジプトで海デビュー！

エジプトはとにかく暑かった。エジプトで最初に泊まったのはフルガダという街。この街はビーチリゾートだった。物価も安くて海（紅海）が美しい！

宿泊したのはキッチンつきのアパートだったが、なんと、蛇口をひねっても水がでない！

キッチンがあるのに料理も洗い物もできない、汗だくなのにお風呂に入れない、洗濯物もできない、トイレも流せない。なんでやねん！

オーナーに連絡すると5ガロン（約16リットル）の巨大なボトルの水を数本持ってきてくれた。そのボトルの水を使って手動でトイレを流したり、重いボトルを傾けて水をちょろちょろだして洗い物をする。さすがに不便すぎるやろ！

おかん
エジプトの旅は「なんでやねん！」の連発やったなあ

おとん
深夜1時半に空港に着いて迎えの人が見当たらず、路頭に迷うっていう。なんでやねん

おかん
私が空港でSIMを買えへんかったのがすべての原因やけど

おとん
連絡手段ないし。やっと迎えの人に会えたのが3時て（笑）

おかん
「1時半から待ってたのよ」って。なのに出迎え用の私の名前を書いた紙をカバンにしまってるって…なんでやねん

蛇口をひねれば水がでるのは当たり前じゃなかった。とてもありがたいことだったんだと実感した。そんなハプニングの中、5ガロンの空きボトルで大喜びで遊ぶのは子どもたち。たくましいなぁ。

久しぶりの自炊が楽しみだったが、仕方なく夜はマクドナルドへ。その後も復旧する様子もなく、停電にも見舞われたので1泊だけにして移動することにした。

次の宿泊先はフルガダのマリオット系列のリゾートホテル。私はこの旅のためにマリオットボンヴォイのプラチナエリートという上級会員になっていた。その恩恵を受け、部屋を生まれて初めてのスイートルームにアップグレードしてもらった。水がでる（茶色いけど）！　トイレが流せる！　シャワーも浴びられる！　最高やん。スイートルームの感想とは思えないが（笑）、前日の宿とのギャップがすごい。同じ街にいるとは思えないほどの快適な部屋にしあわせを噛み締めた。

さて、ホテルも快適になったし！　さっそく海へ行こう。

まずは、浮き輪の調達から。娘とホテル近くのショップで見つけたのが、足入れがついているカエルちゃんの浮き輪。ここからカエルちゃんも旅の仲間入り。

紅海は藻が繁殖して赤くなることがあるからその名がついたそうだけれど、私たちが見た海は真っ青。まさにコバルトブルー。本当に美しい。

いつか、お金と時間ができれば。
もう少し子どもが大きくなってから。
行けない理由を探していた
昔の自分に言いたい。
そんなの行けない理由にはならない。

右上）エジプトの国民食コシャリ。名店Abou Tarekで１皿約300円。安っ
左上）私の誕生日を祝ってもらった。なんとホテルからサプライズケーキ！
右下）イルカを見るツアーに参加。船上で突然はじまったのが「サタラナ」というエジプトで流行っている曲に合わせたダンスタイム！　娘はツアーのリーダーに抱っこされて輪の中へ（笑）。サタラナ〜♬
左下）紅海を探検する潜水艦ツアーに参加。船の中から水中を見ることができて感動〜

毎日ご飯を食べては海で遊ぶ。時間を気にせず満足いくまで好きなだけ海で遊べて子どもたちも大喜びだ。延々とカエルちゃんに乗って、対岸までを行ったり来たり。今までホテルは寝るだけだと思っていた私だけど、**ホテルステイもええやん、**と初めて実感した。

末っ子はここが初めての海。砂遊びからの砂テイスティングが止まらない。口はよだれと砂だらけ。まあ、いっか。カエルちゃん浮き輪のおかげで海水浴にも挑戦！

兄姉のおかげもあり怖がらずに楽しんでいた。**「海デビューは紅海でした！」これは、人生においていいネタになるなあ（笑）**。

子連れでエジプトに行ったというとよく聞かれるのが「治安はどう？」ということ。私も初めてのエジプトだったし、出国前に外務省の安全情報で見ると、エジプトは危険レベルが高いところが多くてかなりビビっていた。それに、子どももまだちいさい。なので、安心できるホテルを選ぶことにした。フルガダのあとにカイロに移動して5泊したが、カイロでもマリオット系列のホテルに泊まることにした。

実際のところ、フルガダとカイロは夜歩かない、危ない場所に行かない、スリに気をつける、これらを徹底すれば必要以上に不安にならなくても大丈夫だった。しかし、ええホテルの安心感といったら……慣れない地では計り知れない価値がある。

ほんまマリオットボンヴォイの上級会員になっておいてよかったよな

このフルガダのホテルも1泊4万2000円、5泊で21万円のところ、ポイントで0円になったもんな

上級会員になるには、いくつかの方法があるけど、私はクレジットカードを作って、プラチナチャレンジをして上級会員になった！

詳しくは調べてみてください（笑）。ポイントも貯めておいてよかったよなぁ

おとん、バスのトイレで災難に遭う

この旅2回目となる長距離バス移動でフルガダからカイロへ。私が調べたところによると、GoBUSというバス会社がいちばんよさそうだった。

バスの座席は思っていたよりもゆったりめで快適に過ごせそう。

しかも、このバス、車内にトイレがついていた。**子連れ旅においてトイレがどこにあるか把握しておくのはかなり重要。**バスにトイレがあるなんてありがたい！　バスが出発してすると、おとんはみんなが使えるトイレかを確かめるために偵察に行った。

しばらくすると、おとんが、とんでもない形相で戻ってきた。

「どうしたん？」

「最っっっっ悪や!!　見て！」

見ると、おとんのズボンが濡れている。

「流そうとしたらぶしゃーーーーって!!　人様の糞尿がぁぁ、噴水になって便器の中からでてきた！」

便座がびしょびしょになっていたからおかしいと思ったが、試しに流してみたよ

右）はじめの宿で自炊するつもりも、水が使えなかった宿で冷凍食品を買い出し
左）マリオットホテルにあった桟橋で撮った記念写真。この旅の私が好きな写真のひとつ

うだ。

「なんでやねん！　考えられへん！　最悪や！　糞尿まみれや!!」

「最悪や！」を連呼しながら、キレるおとん。着替えはバスの荷物入れの中。しかし、残り5時間以上ある。

「このままいるなんて気持ち悪すぎる」

落ち込みながら、おとんがリュックからとりだしたのは虫除けスプレー。「アルコールが含まれてるから除菌になるやろ」と、必死に濡れたズボンに虫除けスプレーを吹きかけまくっているおとんを見て、申し訳ないが爆笑してしまった。

おとんは世界一周の旅にでてから「なんでやねん」「考えられへん」「意味わからん」「勘弁して」と口にすることが増えたが、エジプトに来てからは3割り増し。

出国前から危機管理能力の高さを自負していたおとん。タイでは屋台飯に手をださず、トルコのパムッカレにも積極的に入ろうとしなかったおとん。

「なんで便座が濡れていた時点で気づかんかったんや……」

めちゃくちゃ悔しがっているおとんに私は言った。

「想定外のことが起こるのが海外なんよ。体を張って検証してくれてありがとう。トイレ、私たちは使えないということがよくわかった（笑）」

おかん

そういえばこのバスはチケットを買うときもトラップあったわ～

末っ子のチケット事件な（笑）

おかん

ウエブ予約で、2歳以下の入力欄があったからチケットいるんやと思って入力したのに

乗り込むときに「え、赤ちゃんにも席とったの？」と笑われてたな

おかん

膝上が無料ならそう書けぇ～（笑）。金額計上すなー！

ベビーカーでピラミッドへ行けるのか!?

カイロでは、ピラミッドにいちばん近いホテルと有名なマリオット メナ ハウス カイロ（メナハウス）に宿泊した。ホテルの敷地内からピラミッドを見ることができる五つ星ホテル。

私はホテルのランクにはにあまり興味がない。ホテルは寝るだけだから安いホテルで十分。その考えは今も変わらない。しかしメナハウスはちょっと違った。ラグジュアリーな空間の中で、外を見ればあの有名なピラミッド。「ほんとにあれが本物のピラミッド？ ハリボテちゃうん？」と疑ってしまうくらい、ずっと不思議な夢を見ているような気持ちだった。滞在した5日間は一生忘れないだろう（ちなみに、大阪人として補足するとメナハウスは五つ星といっても安い！ さらにここもポイントを使って0円で宿泊した）。

メナハウスに滞在して3日目。いよいよエジプト旅のメインイベント、ピラミッドへ行く。

いつかは行ってみたいと思っていたピラミッド。**まさかベビーカーを押して来ることになろうとは思ってもみなかった……**。

ピラミッドはメナハウスから徒歩で5分。**子連れではピラミッドなんて無理だと思っていたけれど、そう決めていたのは私の頭の中だけだった。**ピラミッド周辺の観光客が通るところは舗装されていてベビーカーでもスムーズに通ることができた。ただ、その舗装された道に行くまでは石ころだらけのガタガタ砂地を通ることになる。しかし我が家のカトージjoieの三輪ベビーカーは超タフ。3人の子どもを乗せ、今ではピラミッドの土を踏んでいる……。そう考えるとこのベビーカーはなくてはならない旅仲間だ。まわりを見渡してもベビーカーを押している観光客なんてほとんどいなかったけど（というかエジプトではほとんどベビーカーを見なかった）、それでも、ベビーカーでピラミッドは行けた！

近くで見たピラミッド。想像していたよりもひとつ一つの石が大きかった。この石ひとつ約1．5トン。その石を100キロ以上離れた石切場から運んだなんて、とんでもないことやな。私は4500年前にピラミッドを築きあげた人たちに思いを巡らせた。

しかし、子どもたちにとっては歴史もへったくれもない。ただ岩が積みあがった三角山だ。「もう暑い！　暑いの大っ嫌い！」暑さで超不機嫌な息子。確かに暑い。大人でもうんざりするような、ジリジリと痛く感じるほどの強い日差し。そこに追い討ちをかけるように大号泣しだしたのは娘。岩に躓いて転んでしまった。

右）「暑い〜！」と不機嫌だった子どもたちだったけれど、スフィンクスを目の前にすると笑顔に
左）転んで「痛い〜！」と大号泣している娘。何年後かに思い出すのは、ピラミッドのすごさより、プラミッドを背に大号泣している娘の顔かも

「痛い!!」

いつもなら貼ったら泣き止む魔法のテープ（絆創膏）も効果なし。ピラミッドにお尻を向けて、何をやってるんや私。「もうお手上げだ（苦笑）」と、何度ももうホテルに帰ろうと思ったが、まだスフィンクス見ていないやん！

子どもたちをなんとかなだめ歩いてもらう。スフィンクスを見たい私も暑さでヘトヘト。

そんな私たちに「馬車に乗れ」としつこく言ってくるおじさんがいた。子どもたちも私も疲れたし、20ドルを10ドルにまけてくれたし、乗ったらいいやんと思ったが、おとんは「アイライク ウォーキング！」と返して断り続ける。

なんでそこそんな頑なやねん（笑）。

なんとかスフィンクスを見ることができたが、その滞在時間わずか数分。これも

上）メナハウスのレストランからはピラミッドを望める。あぁ、これは夢なのか
下）メナハウスの部屋でやっていたのはトルコで買ったUNO。家族で大ハマり！

おかん

ピラミッドで「馬車に乗れ」のほかにもいろんなおじさんいたよな

「写真撮ってあげるよ」おじさんとかな。あと、「ベルト買って」おじさんもいたな

おかん

なんでここでベルトやねん!?（笑）

また子連れ旅あるある。

エジプトと大阪の共通点

カイロに移動した私たちは、市場へ向かおうとしていた。タクシーの車窓から、エジプト文明を支えてきた川が見えた。言わずとも知れた世界最長の川、ナイル川。ぼんやりエジプトの母なる川を眺めていると、私は懐かしい感覚に襲われた。

「なんか淀川思い出すわぁ」

大阪の母なる川、淀川に思いを馳せる。

エジプト最後はハン・ハリーリ市場へ。ランプ、アクセサリー、水タバコなど500くらいの店がある。歩いているとめちゃくちゃ日本語で話しかけられる。

「ナニサイズ?」「ナンサイ?」

すぐに言ったサイズを持ってきてくれてすすめてくれる。

あるお店の人は「サクラ、サクラノヤマモ〜」と「さくらさくら」を歌ってくれたりした。

そんな市場の中で、またもや末っ子はアイドル状態。ベビーカーに乗っているだけで、両サイドの商店から店主たちが寄ってきて手を振ったり、タッチしてくれる。この時点で1か月間かわいがられ続けた末っ子は、お手振りも慣れたものだ。

この旅ではの自分たちへのお土産はマグネットのみと決めていた（嵩張るので）。なのでこの市場でも買うのはマグネット。どれにしようか悩んでいると、お店の人がめちゃくちゃ話しかけてくる。それはいいのだが、すすめられるものがすべて高い！　しかしこちらも大阪人。応戦するしかない。値切ろうとすると、「これは石でできてるやつやからあかん」と英語で言われる。

「ほんならこのボールペンあげるから半額にして！」

つたない英語と大阪弁とジェスチャーで交渉する私。何度か押し問答の末、値切りは成功。エジプトは価格交渉が当たり前らしいが正直めんどくさい（笑）。

市場内ではほかにも「山本山」「バザールでござーる」「ハラキリ」「価格破壊」

ハン・ハリーリ市場に売っているものもエジプト感満載！　でも、子どもたちにおすすめしてくれるおもちゃはまったくエジプトっぽくないものばかり（笑）

など若干時代遅れな（笑）日本語も飛び交っていた。エジプト人のフレンドリーさや人懐っこさを苦手だと感じる人もいるのかもしれないが、私にとってはむしろ心地よかった。

「私が大阪人やからかなぁ」

初対面でも心の距離感近めできてくれるこの感じ、私は好きやで！

旅後記

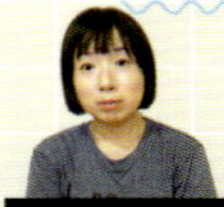

子連れおすすめ度

★★☆☆☆

ハードルは高めだけど子連れピラミッドは価値あり

エジプトは数少ない円高傾向の国で比較的物価も安くて異国情緒を味わえるのが最高だった。ただ、博物館は展示の表記が英語で理解できず。日本語のイヤホンガイドもあったけれど、子連れでゆっくり見るのはちょっと厳しい。
ホテルを選ばないと水がでない、トイレが流れない、というトラブルも。危険な地域も確かにあるので、下調べは重要。けれど、絶対また来たい。

おかん

それにしてもセキュリティチェック多すぎやわ

おとん

ピラミッドも博物館も2～3回ゲートくぐったな

おかん

そのくせめっちゃテキトーで全然チェックされへんねんな

おとん

なんでやねん！（またでてもうた）

世界が一冊の本だとしたら
まだ1ページくらいしか読んでいない。
せっかくこの世界に
生まれたんだから
もっとたくさんのページを
読んでみたい。

4か国目 オーストリア / 4th country Austria

オーストリアの街の公園は最高だった！マンションの一室で暮らすように旅した4日間

ピエロもいるよ

美しい建造物にうっとり

馬もいたよ

公園サイコー

40日ぶりの自炊 息子も大ハリキリ

オーストリアの旅、行ってみよう！

うまくできた！

日本を出発して約1か月間、いわゆる途上国といわれる国で過ごしてきた。そして4か国目はオーストリア。先進国のEU圏に突入！

水道水が飲める当たり前のしあわせ

オーストリアのウィーンに着いた私は感動していた。

トイレのドアが自動で開く！　道が整備されている！

そして**いちばん感動したことが、水道水が飲める!!**

日本にいたら当たり前すぎてこんなことに感動したことはなかった。でも、水道水が飲めない国で1か月以上過ごし、水がでなくてトイレも流せない宿を体験して、蛇口をひねれば飲める水がでることが、こんなにもありがたいことだったのかと身を持って知った。

しかもウィーンは街中に給水ポイントが設けられていて、アルプスの湧き水を無料で飲むことができる。しかも冷たい！　これぞアルプスの天然水（笑）。

給水所ごとに家族でがぶ飲み。あぁ、おいしい！

特にウィーンの街は世界に誇る水質とのこと。実は世界で水道水が飲める国は196か国のうちたったの11か国（※）ほどだという。日本は恵まれてるんだなぁ

※出典:国土交通省『令和4年度版　日本の水資源の現況』より

いかに〝ない〟ものばかりに
目を向けて〝ある〟ものに目を向けて
いなかったかを思い知る。
大事なことは〝ある〟に目を向けること。

と、思い知る。

オーストリアでは初のエアビー（一般の民家やマンションを貸したい人と借りたい人をマッチングするサービス）宿泊で、マンションの一室を借りた。

市街地まで徒歩30分くらいのところで1泊1万5000円。高いが、キッチン、洗濯機完備。そう、久しぶりに自炊ができる！

日本で毎日毎日ごはんを作ら〝ねばならない〟ときは、料理が嫌で仕方なかったのに、約40日ぶりの料理！　何作ろう？　ワクワクが止まらない！

久しぶりに作ったのは、野菜をたっぷり入れたチャーハンだった。米は子連れ世界一周の先輩に「絶対に持っていき！」と念押しされた電子レンジで米が炊ける「ちびくろちゃん」を使って炊いてみた。初めて使ったので100点とはいかなかったが、久しぶりのに食べる炊き立ての米のおいしさといったら!!

日本米ではないのに、家族全員バクバク食べる、食べる。

料理好きの息子も腕をふるって、いつの間にか料理大会になっていた。料理が作れるって、しあわせなことやったんや。

しあわせのハードルが下がり過ぎているけれど、今まで見えなかった大切なものが見えた気がした。洗濯担当としてタイからこれまで毎日手洗いで洗濯してくれていたおとんは、洗濯機の中で回る服を眺めて「涙がでるほどうれしいわ」としあわ

おかん

今回の旅中、日本以外で住むならどこがいい？って話もふたりでよくしたよな

したした。ウィーンは住めるな

おかん

住める！　私たちの決め手は「水道水が飲めるかどうか」になってたよな

うがいや歯磨きまで気にするの大変やったからな

せを噛み締めていた。

日本でしていた暮らしを海外でしてみたら

ウィーンではあまり観光をせずに、暮らすように旅をした。5人で起きて、5人でごはんを食べて、5人で公園に行き、5人で買い物をして帰る。おとんと手分けして家事をして、それをたまに子どもたちが手伝ってくれる。やっていることは日本と変わらない。場所はウィーンなのだけど、久しぶりに日常を過ごせた気がした。

どこにいるのかは関係ない。家族でただただ一緒に過ごすこと、これがいちばんのしあわせだ。何気ない毎日がとにかくしあわせで、旅で疲れた私の心が満たされていった。

散歩がてら街の公園にでかけてみる。

子どもたちは日本にいるのと変わらないように遊具に駆け寄って遊ぶけれど、私はウィーンの公園がとても魅力的に見えた。

その理由はふたつあった。

40日ぶりの自炊でチャーハンを作ってみんなで食べた。何気ない日々が尊いということを改めて知ったオーストリアの日々

右）ザッハトルテ発祥の店で。1切れ8.9ユーロ（約1400円）。物価高……
左上）子ども月のショベルカーまで！　自分たちで操作して泥をすくうのが楽しい！
左下）日本の2倍くらいの長さのブランコは子どもたちのお気に入りだった。木製のチップが敷き詰められているので安全

さすが音楽の街〜

ひとつは、遊具。日本の2倍はある長さのブランコや、くるくるまわるぶらさがりロープ、泥んこ遊び用のショベルカー。地面には安全のためか木製チップが敷き詰められていた。私がいちばん魅力を感じたのは、井戸があることだった。

子どもたちが自分たちで井戸から水を流し、小さな池を作り、そこで泥んこ遊びをしている。調べたところ、ウィーンの公園は井戸がある公園が多いらしい。なんて恵まれた環境だろう。泥まみれの服を洗濯する親が大変なのは世界共通だろうが（笑）、泥んこで思いきり遊ぶ子ども達の笑顔には変え難い。

そしてふたつ目は公園にお父さんが多いこと。夕方5時くらいに公園に行くと、「え、お父さん、もう仕事終わったん?」と言いたくなるほど、お父さんががたくさんいる。しかもビール片手に（笑）！

夕方に仕事が終わっていることも最高やし、ビール片手なのも最高！　でも、**お父さんは子どもと一緒に遊ぶわけではない**。ベンチに座って子どもを見守っているだけ。その代わり、「汚れるからダメ！」とか「危ない！」と言うこともない。そのためか子どもたちはとてものびのびと遊んでいる感じがした。

ちなみに海外の公園で親が子どもと一緒に遊んでいるところはあまり見たことがない。見守っているだけ。もしかしたら私は「子どもと一緒に遊ばなきゃ」というのにとらわれすぎていたのかも。もっと気楽でいいのかも。

右）ウイーンのマクドナルドのポテトはこのかたち！
左）ウィーンにあるミュージアム「音楽の家」。子どもたちも楽しめる

ここで一句。

「仕事後は　ビール片手に　公園へ」

ええやん。

それでもオーストリアは日本と同じ少子化が深刻な問題だという。なかなかうまくいかへんもんやな。

旅後記

子連れおすすめ度

★★★★☆

とにかく街の公園がおすすめ！ただ、物価が高いのが難

ウィーンは、シュテファン大聖堂など、街を歩いているだけで美しい建造物が見られるのが魅力。

大聖堂の前では毎日コンサートの呼び込みをしていて、赤ちゃんや乳幼児も気軽に参加できるらしい。さすが、音楽の街！

ただ、物価が高いので、心しておいたほうが……。子連れにはぜひ街の公園に遊びに行ってほしい。

おかん

オーストリアはとにかく物価が高かった

おとん

マックも家族で5000円超えて！

おかん

スーパーにおとんの大好きな納豆が売ってたけど、我慢するしかなかったな

おとん

1パックで3.53ユーロ(約580円)やで。サーモンのお寿司は1パック12.9ユーロ(約2000円)やし…

どのくらい必要？

出発時の持ち物リスト

ケープは途中で使わなくなった。オープン授乳！

子ども用品

おむつ

・上の子2人の夜用おむつ×1袋
・末っ子のおむつ×1袋

食事アイテム

・授乳ケープ
・チェアベルト
・食事用スタイ（娘、末っ子）
・子ども用の洗剤とスポンジ
・皿×3
・スプーン、フォーク×各3
・手口ふき

しょうゆは液モレしないタイプに！

食料

日本食

・調味料（しょうゆ、うどんスープ、だしの素など）
・ふりかけ×1袋
・レトルトの味噌汁×10人前
・フリーズドライ味噌汁×10人前
・ちびくろちゃん（レンジで米が炊けるアイテム）

ベビーフード

・レトルトのベビーフード×1週間分
・ベビー用のお菓子×1週間分

衣類は洗う前提で2〜3日分だけ。水着も活用

衣類

おとん

・半ズボン×1
・レギンス×1
・半袖Tシャツ×2
・下着×3
・靴下×3
・ラッシュガード×1
・水着×1

おかん

・半ズボン×1
・レギンス×2
・半袖Tシャツ×2
・下着（上下）×3
・靴下×2
・ラッシュガード×1
・水着×1

息子

・半ズボン×2
・半袖Tシャツ×3
・下着×3
・靴下×2
・ラッシュガード（上下）×1

娘

・ワンピース×1
・半ズボン×1
・半袖Tシャツ×3
・下着×5
・靴下×3
・ラッシュガード×1
・水着×1

末っ子

・半ズボン×1
・半袖Tシャツ×3
・ロンパース×2
・ラッシュガード×1
・スタイ×3

出発時の荷物はこれだけ！

54リットル、45リットル、20リットルの３つの大人用バックパックと、息子と娘の子ども用リュックに詰め込んだ！　そして、抱っこ紐＆ベビーカー！

旅中に追加したものリスト

・トルコで買い足し
娘の帽子

・スペインで追加（おかんの母による）
耳かき／カレールウをはじめ日本食／ラムネ（お菓子）／薄型のダウンジャケットなどの防寒具（大人用）／ジッパー付き袋／コンタクト洗浄液／モバイルバッテリー／爪切り／クレンジング／娘のリュック／ベビーカー用のフック／カミソリ／裁縫セット／ズボン用のゴム

・モロッコで買い足し
スニーカー（息子、娘）

・カナダで買い足し
子ども用の防寒具／トレッキングシューズ（カナダで処分）／大人のズボンと肌着

・アメリカで買い足し
末っ子の靴

・ガラパゴスで買い足し
帽子（おかん、娘）

・適宜買い足し
食料、衣類、おむつ、おしりふき、充電ケーブル

実は紛失したものも多い！　特に靴下は数えきれないほどなくした…

コンタクト用品がかさばった〜

日用品

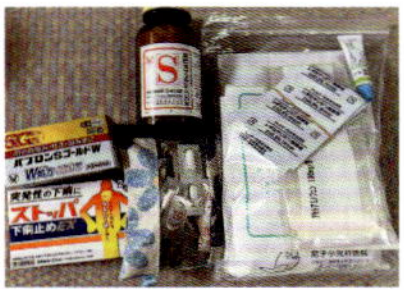

薬

・大人用の常備薬（風邪薬、胃腸薬、頭痛薬など）
・子ども用の常備薬（坐薬の解熱剤、かゆみ止めの塗り薬、抗ヒスタミン薬）

アメニティ

・コンタクト、コンタクト用品
・めがね（おとん、おかん）
・マウスピース（おとん、おかん）
・歯ブラシセット×家族分
・爪切り
・体温計
・耳かき

このほかに、パスポート、財布、スマホ！

その他

電子機器

・タブレット×2
・子ども用ヘッドホン（息子、娘）
・大人用イヤホン
・懐中電灯
・変換プラグ
・モバイルバッテリー
・充電ケーブル
・ファイヤースティック
・Air Tag

機内快適グッズ

・お菓子
・ベビーフード
・飲み物
・フットレスト（不要だった）
・ネックピロー（不要だった）

▶▶▶ 5か国目 スペイン / 5th country Spain

美食の国スペインを子連れで堪能できるのか 行き着いたのは、ラーメン!? お寿司!?

おとん泥酔で入国!?

バルも行ったよ

スペシャルゲストも！

海外での日本食のお味はいかに!?

サグラダ・ファミリアで大号泣!?

スペインの旅、行ってみよう！

ウィーンの空港のラウンジは、お酒が飲み放題だった。私は、この旅がはじまってておとんが不慣れな海外で、子育てや洗濯などを頑張っていることにとても感謝していた。そんなおとんに労いの気持ちを込め、私は「今日は戦力ゼロになってもいいから、お酒飲んでもいいいで」とお酒を飲むことをすすめた。おとんは嬉しそうに、自分で濃〜〜いハイボールを作って嬉しそうにグビグビ飲み、飛行機に乗り込む前にはベロベロに酔っていた。

おとん、酩酊状態でスペインに入国

久しぶりに何杯ものお酒を堪能したおとんと共に私たちはウィーンから飛行機に乗り、夜19時にバルセロナに到着。そのあとはバスで30分ほどかけてホテルに移動する。おとんは飛行機とバスに揺られたため、完全にアルコールが全身にまわっていたようだ。

めっちゃ不機嫌。

「なぁ、絶対タクシーがよかったやん。時間かかるし、子どもらかわいそうやん」

私にグチグチ言ってくる。ユーロ圏は物価が高いから、ちょっとでも節約するためにバスにしようってふたりで決めたやん。「自分がしんどいだけやろ！」と心の中で悪態をつく私。バスの中でずっと大きな声で話している子どもたちに対しても、イライラした態度をとっている。そんなおとんに、私もイライラしてしまう。

ホテルに着いたら着いたで、私がチェックインしていると、離れたソファーに腰掛けながら「ちょ、早よして」と怒ってくる。チェックインの間にフロントマンとちょっと談笑していただけやん。いっつも手続きは全部私にやらせるくせに、なんやねん。戦力「ゼロ」になっていいとは言ったけど「マイナス」になっていいとは言ってへん（怒）！

さらに、部屋に帰って誰よりも先にベッドに倒れ込んで爆睡するおとん。その寝顔を見て、蹴り飛ばしてやろうか！と思った。

夫婦って不思議だ。こういうとき、本当に腑煮えたぎるほどの気持ちになるのに、ひと晩経つと笑い話になる。うちの夫婦はどんなケンカをしてもひと晩寝たあとは、何もなかったように「おはよう」と挨拶する。この世界一周の旅中もケンカをたくさんしたけれど、それはほぼ同じだった（例外もある。笑）。

翌朝、「おはよう」と挨拶をする。前日のことを聞いてみたら、おとんは昨晩の記憶がまったくなかった。何もなかったように振る舞うどころか、何かあったことを覚えてなかったのだ。前日のことよりも、それがいちばん腹が立つわ！

スペシャルゲストが登場！

バルセロナを訪れたのだから、やっぱりサグラダ・ファミリアは外せない。目の前にしたサグラダ・ファミリアは、圧巻だった。20代のころはヨーロッパが好きで、数か国旅行で訪れたことがあるので、教会は見慣れたものだと思っていたけれど、サグラダ・ファミリアはまったく違う。緻密で複雑な彫刻と曲線の美しさに圧倒されて立ち尽くす。

「完成する前に来られた……」

感動している私のそばで、ソワソワしているのは子どもたち。スペインでは子どもたちがサグラダ・ファミリアよりも楽しみにしていることがあった。

「おーーーーい!!」

日本から遠く離れたスペインに聞き慣れた声。

「おばあちゃん！」

私の母だ。息子と娘が一目散に駆け寄っていく。母の隣には、私の弟の妻である義妹と、生後5か月の甥っ子もいる。この3人と5日間一緒に旅をする。

私の母はとにかくパワフル。声もとおるし、ジェスチャーも大きい。

右）私たち家族と私の母、義妹、甥っ子、みんなで行った本場スペインバル。海鮮盛り合わせが激ウマだった！　子連れも大歓迎～
左）ガウディの作品のひとつ、グエル公園。おとぎ話の国に迷い込んだみたいだった

義妹はなんと生まれて初めての海外。それでいて生後5か月の息子と一緒にスペインまでやってきた。スペイン語はもちろん、英語もまったく話せない。そんなふたりが今回、添乗員の同行もないパックツアーでたったふたり（＋赤子）と飛行機を乗り継ぎバルセロナまでやって来た。その姿を見ていると「子どもがいる」は海外に行けない理由にはならないと改めて思った。

ふたりを連れてサグラダ・ファミリアに向かう。私はふたりを前に、この1か月で体得した英語で得意げにサグラダ・ファミリアの人に話しかけた。だが、「は?」という顔をされてタジタジ……。

まだまだやったわ！　それでもなんとかなる。翻訳アプリもあるし、「英語ができない」も旅ができない理由にはならない（翻訳アプリはP114で紹介！）。

母との合流の目的のひとつに荷物の整理があった。必要なものを持ってきてもらい、不要品を持ち帰ってもらう。その中の、母が持ってきてくれた耳かきのおかげで、おとんとおかんのしあわせ度数が上昇

「選んだ道が正解」これは私の座右の名にしているが、この言葉は母からもらった言葉だ。子どものころから挫折しそうになったとき、私はこのスーパーポジティブな母に支えられてきた。私がいちばん感謝し、尊敬している人。

おかんファミリーはほんまパワフルよな。まさかスペインで甥っ子を抱っこできるとは思ってなかったわ

義妹は初海外やのにみんなで写真を撮ろうとしたとき、「ピクチャー、ファミリー、OK?」ってジェスチャーしながら声かけてて

ほんま、たくましいよな！

選んだ道が間違っていたかも
ということは山ほどある。
でも、悩んでもがいて
必死に生きていると
振り返ったらそれが正解になるんやで。

サグラダ・ファミリアはすごかった！

サグラダ・ファミリアを生で見ると、各所で外観の色が全然違うことに気がついた。創られた時期が違うからだ。着工から140年以上の歴史の重みを感じた。

実は、中のステンドグラスが何より素晴らしいと有名なのだ。私はそれを「絶対にこの目で実際にみるまで見ない！」と決めていて、SNSやテレビで内部を映す映像が流れる度に目をそらし、見ないようにしていた（笑）。

「やっと、見られる……」

いざ中に入ると、息をのんだ。

外から注がれる太陽の光で、建物内が赤、オレンジ、黄色、黄緑、緑のグラデーションに染まっている。こんなに美しく七色に輝く世界があったんだ。こんなに美しいステンドグラスは生まれて初めてだった。いつまでも見ていられる景色にうっとりできたのも束の間……。

「お父さんと一緒に塔に登りたかったぁ〜！」

娘が大号泣している。塔に登れるのは6歳から。娘は、息子とおとんと一緒に塔に行くことができなかったのだ。気球に引き続き、年齢制限で行けない娘。

右）子どもたち大興奮の乗り物。3回1ユーロなんて、日本よりも安いやん〜！
左）ステンドグラスから漏れた美しい七色のグラデーションの光の中で大号泣する娘

パイプオルガンの美しい音色に共鳴するように響く娘の泣き声……。

そうよな、子連れ旅ってこうよな。

自分の思いどおり、計画どおりになんて行くわけない。それが子どもとの旅であり、子育てそのものだ。そんなとき私は自分に言い聞かせる。

「大丈夫。また来たらいい。また来られる自分になればいい」

「もっと見たかったな」とか「あそこも行きたかったな」と思うことは多々あるけれど、「子どもがいなければ」と思うことはない。サグラダ・ファミリアはいつでも来られるけれど、慌しいこの旅は10年後にどれだけ願ってもできないのだから。

私は、不機嫌な娘をなだめて、なんとか写真だけ撮って出口に向かった。

きっと、**10年後思い出すのは、ステンドグラスの美しさよりも、七色の空間でのちいさな娘の泣き顔だ。なんて尊い思い出なんだろう。**

バルセロナで子どもたちがいちばん大興奮だったのは、サグラダ・ファミリアの近くの市場にあった3回1ユーロ（160円）で乗れる乗り物。物価が高いスペインで破格のコスパ！　2ユーロも課金してしまった。子どもたちにとっては、大人ひとり36ユーロ（5600円）のサグラダ・ファミリアよりも1ユーロの乗り物!!

出発進行！　ぶーん!!

おかん

グエル公園もめっちゃよかった～。カラフルなモザイクタイルが美しくて！

おとん

でも、子どもらは「こんなん公園ちゃう」って怒ってたな

おかん

遊具ないからな

おとん

その点、サグラダ・ファミリア前にある公園は遊具があって、喜んで遊んでたな

日本食が恋しい！ 海外の日本食事情

母と義妹、そして甥っ子は5日間みっちりスペインを満喫して帰っていった。懐かしい人たちに会ったからか、どうしようもなく日本の味が恋しくなった。

息子に「何が食べたい？」と聞くと即答で「ラーメン」。その回答に激しく同意するおとん。タイからひとつも変わらへんやん（笑）！

しかし、忘れていけないのは、ここはユーロ圏。ラーメン一杯13ユーロ（約2000円）。高すぎる。でも、どうしても食べたいおとんと息子の思いに根負けし、ふたりで食べておいで、と送りだした。

ここは美食の国スペインやで!? ラーメン食べるってどうなんや!? とつっこみつつ、ラーメンを満喫して戻ってきたふたりの満足そうな顔。私はその顔を見て「私も食べればよかったかも」と、ちょっとだけ後悔した。

その数日後、通りすがりのお店で、お寿司の食べ放題のお店を発見した。ひとり17ユーロ（約2700円）。高いけど、「ユーロ圏でこの値段で食べ放題なら安い気がする！」と、入店することに。

席に着いてメニューを見てみると、生魚が少ない。カリフォルニアロールのよう

な巻物のメニューが多い印象。私たちはサーモンやマグロを中心に注文した。

さっそく念願の寿司をひと口……。まぁ、まずくはないけど、シャリの量が多いねん。日本の1・5倍くらいのシャリの量。シャリの量ってこんな重要やったんや。食べ放題なのに、お腹いっぱいになって元取れへんやん。他のネタも天ぷらもなんかちゃうねん。子どもたちは久しぶりのお寿司にバクバク食べていたけれど、おとんと私は苦笑い。**全部、なんか、ちゃうねん……。**

実は、このあとも何度もこの海外の寿司の罠にハマる私たち。この海外生活で学んだことのひとつが「海外の寿司に期待したらあかん！」なのである。

旅後記

子連れおすすめ度

★★★★☆

大人はとっても楽しい！盗難には最低限の注意が必要

「スリに気をつけろ」「特に電車は要注意！」と聞いていたけれど、私は運よくスリには遭わなかった。でも、みんな本当にカバンに手を置いていたし、リュックを前にして守っていた。
地下鉄には母子でも乗れた。エレベーターがないので、ベビーカーと娘、末っ子を抱えて絶望していたら、おじさんやお兄さんが助けてくれて感動。
生ハムとタコがおいしいので、ぜひ食べてほしい。

おかん：ちゃんとスペイン料理も堪能しましたで

おとん：やっぱパエリアは最高にうまかったな！

おかん：大きさがわからんくてテキトーに頼んだらとんでもないサイズで（笑）

おとん：びっくりしたな！大人4人でお腹パンパンになって（笑）

おかん：パエリア1皿40ユーロ（約6400円）という値段にもびっくりしたわ～

6か国目 **イギリス** / 6th country United Kingdom

おかん思い出の地 ロンドンでホームステイ! 子どもたちはロンドンバスと化石発掘に大歓喜

- ロンドンバスにも乗るよ〜
- おかん思い出の地に上陸
- 久しぶりのレゴに夢中
- ホームステイ先が神
- 味噌汁サイコー
- アンモナイトだよ
- 化石発掘に大興奮〜
- イギリスの旅、行ってみよう!

今回の旅では、過去に行ったことのある国は行かないことにしていた。だから22歳のころにおとんを振ってまで（笑）、1か月間語学留学していたロンドンは、候補に入れていなかった（ちなみにロンドンに1か月いたのに英語は話せない）。けれど、インスタグラムで知り合ったロンドン在住のしょうこさんに誘われると「やっぱり行きたい！」と気持ちが動き、4日間ロンドンに滞在することに決めた。

「いつか乗りに行こうな」がかなった日

ロンドンでは、これまたインスタグラムで知り合った友達、なおこちゃんの家にホームステイさせてもらう。そもそも超物価が高いイギリスに加えこの円安。ホテルを1泊2万円以下で探すことも難しい状況。ホームステイさせてもらえなければ滞在することができなかった。

子どもたちが楽しみにしていたのは、ロンドンバス。子どもたちは『にかいだてバスにのって』（福音館）というロンドンバスがでてくる絵本が大好きで、家でよく読んでいたのだ。絵本を読みながら、「かか、これに乗ったことあるんやで！」「いつか乗りにいこうな」といつも言っていた。

まさか本当に子どもとロンドンに来られるなんて……。

改めて本当にやりたいことがあるのなら、声にだして言うのがよいと思った。そして紙に書きだす。そして誰かに話す。SNSで発信するでもいい。とにかく自分の頭の外にだすこと。誰かがかなえるための情報をくれたり、応援してくれる人が現れる。**人とのつながりで人生は動いていく**。私がそうだったように。

なおこちゃんとその3人の娘と一緒にロンドンの中心地、大きなライオンの像があるトラファルガー広場へ向かう。すると向こうからロンドンバスがやってきた。絵本やトミカでしか見たことのなかったロンドンバスを見て、子どもたちは大はしゃぎ。みんなで2階のいちばん前の席に座って街を見おろす。高すぎる外食費を抑えるため、なおこちゃんと一緒に作ったおにぎりを頬ばりながら（このときの久しぶりの日本米、沁みたなぁ）。

子どもたちは、バスで巡ったロンドンの名所よりもなおこちゃんの娘と遊ぶのが楽しそう。日本が通じるお友達がいることが相当嬉しいんだなぁ。

子どもたちが旅でいちばん楽しかったこと

出発前、「世界一周で何やりたい？」と息子に聞いたことがあった。息子の答えは「化石の発掘」。それはなんとかしてかなえたい。どこでできるのか調べている

おかん

なおこちゃんには本当にお世話になった！ インスタグラムってすごいなって思ったわ

おとん

日本食を振舞ってくれて、そのおいしさに感動したな〜

おかん

うちの好き嫌いばっかりしている子どもたちがバクバク食べてたよな

おとん

これが食べたかった本当の日本食！

右上)息子と娘は久しぶりのレゴに夢中。ほんと、レゴ好きやなぁ～

左上)なおこちゃんとしょうこさんに作ってもらった日本食。おいしすぎて箸が止まらなかった(感謝！)

右下)絵本『にかいだてバスにのって』にもでてくるトラファルガー広場でなおこちゃんファミリーと一緒にバスを待つ

左下)ロンドンバスの最前列！　なのに娘はおにぎりに夢中(笑)

また来てね

と、インスタグラムのフォロワーさんから、ロンドンから車で行ける距離のところにジュラシック・コーストという化石が多く発掘される海岸があると教えてもらった。

なおこちゃんも「本当によく化石がとれるから、行けるなら喜ぶと思う」と教えてくれた。これは行くしかない。急遽レンタカーを予約し、化石発掘の旅に出発することになった。

久しぶりの車。車が大好きおとんは大喜び。少年のような笑顔でレンタカーを見つめる。

国内では車旅をメインにしていた私たちにとって、車移動は慣れたものなのだ。**出発時間もない、他の人の目もない、自分たちのペースで移動できる。**これは子連れ旅においてありがたいことなのだと再認識した。しかもイギリスは左側通行なので運転もしやすかった。

片道3時間かけて着いたのは、イギリス海峡に面した海岸。日本では見たことがない真っ黒の超粘土質な海岸。土曜日ということもあり、たくさんの人たちがあちこちで化石を探していた。「本当にとれるんか?」と半信半疑ながらも、なおこちゃんに借りた発掘セットで石を割っていく。

ジュラシック・コーストで化石発掘。黒くてやわらかい土。泥とはまた違う感覚に興味津々

子どもが生まれて
行動範囲が狭くなった。
それが当たり前になって
限られた範囲で
生きようとしていた。
それは間違いだった。
自分が動いていないだけだった。
世界はこんなにも広い。

ものの数分。見つけた！

金色に輝くアンモナイトの化石。

「すごーい！」

息子と娘は全身泥まみれになりながらも真剣に化石を探している。さすが世界有数の化石発掘スポット。でるわ、でるわ。アンモナイトのほかにも、ベレムナイトというイカに似た生物の化石などがたくさん見つかった。

自分で化石を見つけることができた。**この成功体験は唯一無二だと感じた。**帰国後、ふたりに「世界一周何が楽しかった？」と聞くと、揃って「化石発掘！」と即答する。4日間しかないイギリスの旅で往復6時間かけて行った化石発掘。現地滞在時間は2時間ほどだったが、それだけの時間を使った価値はあった。

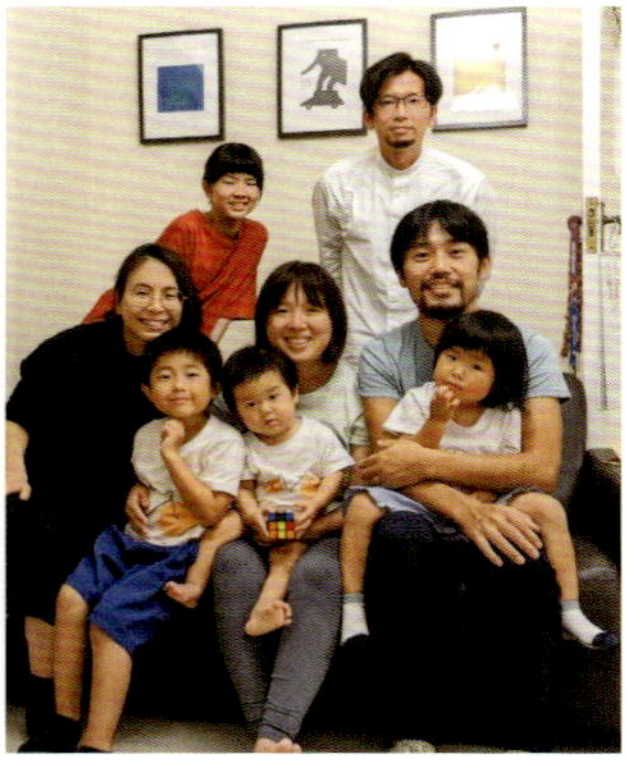

右・左）イギリスではインスタで出会った3組のファミリーにお世話になった。ホームステイ先のなおこちゃんをはじめ、子どもたちと手形アートをしてくれたゆかさんファミリー（左写真）、ロンドンに誘ってくれたしょうこさんファミリー（右写真）。インスタグラムがなかったら出会わなかった人たち。感謝しかない

Zzzz...

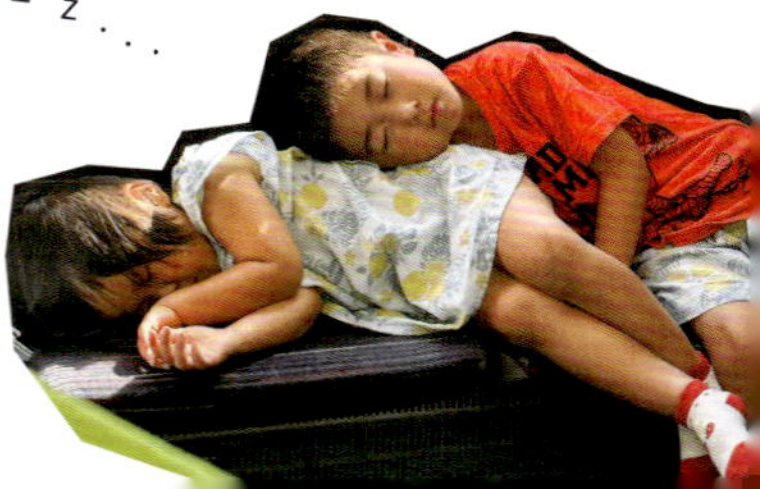

ちなみに、レンタカーを借りるときにすべて英語で説明されたのだが、イギリス人のハイスピードすぎる英語でまったくわからなかった私とおとん。翻訳アプリを使ってみるも、免責のことについてはうまく翻訳されない。「きっとこういう意味だろうな」と自分なりに解釈して話を進めたところ、保険込みで1日94ポンド（約1万7000円）で借りるつもりが、180ポンド（約3万5000円）が追加されて合計で5万円ほど請求された。

デポジットと納得していたのに、車を返却してもお金は戻ってこなかった。結局未だになんの180ポンドかわからないままである。この日ほど、英語力を身につけたいと思った日はない（思い出はプライスレスやけど、5万円は痛すぎや）。

旅後記

子連れおすすめ度

★★★★☆

子どもに大好評だった化石発掘。ただ車が必要！

私たちはお友達にお世話になったのでかなり費用を抑えることができたが、とにかく物価が高い！　スーパーの食材は比較的マシなので自炊できるといいかも。ロンドンバスはぜひ2階建に！　テンションがあがる。化石発掘は唯一無二の経験だけど、ロンドンから車で片道3時間かかる。私たちはRentalcars.comというサイトを経由してバジェットレンタカーで車を借りた。あー、私も2年くらい駐在したーい！

おとん：イギリスから次の国行く飛行機、ビビりまくったよな！

おかん：LCCで、安い故に、荷物制限とチェックインにめっちゃ厳しいと有名なとこで

おとん：オンラインでチェックインしとかな追加料金発生するとかな

おかん：なのにうまくチェックインできんくて…（涙）

おとん：でも実際カウンター行ったら拍子抜けするほど優しい対応やってんな！

▶▶▶ 7か国目 モロッコ ／ 7th country Morocco

息子と娘が誕生日を迎え
末っ子が初めて立った。
荒れ狂うサハラ砂漠で
それぞれがレベルアップ！

青の街からスタート

すべてが映え

5歳になったよ

街歩きが楽しい

雑貨がたくさん

えっ!? 地震!?

ダジン鍋おいし～!!

末っ子モロッコで初めて立つ！

モロッコの旅、行ってみよう！

4歳になったよ

大荒れのサハラ砂漠！

前が見えん

イギリスから向かったのはモロッコ。ユーロ圏から再びアラビア語圏に入った。最初の目的はシャウエンの街。正式名称「シャフシャウエン」。旧市街（メディナ）には鮮やかな青い壁の建物が立ち並び、「青の街」とも呼ばれる。

とっても美しい街で、まるでおとぎ話の世界に迷い込んだ気分になる。娘はテンションがあがって「お金持ちになって～♪」と踊りだす（笑）。モロッコの旅は、このフォトジェニックな街からはじまった。

海外で地震発生！　そんなとき頼れるのは…

青の街・シャウエンに2泊して、次に向かったのはフェズという街。フェズの旧市街は世界一の迷宮都市とも呼ばれ、市場（スーク）が迷路のように広がっている。市場には、食料品からフェズ名産品のなめし革製品などが売られていた。

出国して61日目。2か月が経とうとしていた。宿泊したのはリヤド。リヤドはモロッコの定番の宿泊施設の種類で、古くなった邸宅をリノベーションした施設のこと。1泊1室5000円。このご時世で格安だ。そこにはじめて泊まった夜のことだった。布団に入りて寝ようとしていると、なんとなく揺れている感覚に襲われた。

「……地震⁉」

旅は娯楽じゃない。
旅という投資をして
経験値と知識を増やす。
お金と経験、
今私が増やしたいのはどっちだろう。

地震大国に住む日本人の体感で震度2くらい。びっくりするほどの揺れではない。しかしここはモロッコ。耐震も考慮されていないであろう建物の4階。どこに避難したらいいかもわからない。

揺れは寝ている子どもたちが気づくことがないままほどなくしておさまったが、おとんは不安な様子でネットで調べている。この地震のマグニチュードは6．8。さらに調べると、モロッコではここ100年で最大規模の地震で、震源地はここから500キロ先にあるマラケシュという都市だった。まさか旅先、しかも海外で地震に遭うなんて。急に不安が押し寄せる。

大切なのは家族5人の命。まずは、日本在住でモロッコツアー手配をしている知り合いに相談をする。この人もインスタグラムで知り合った。本当にありがたい。

予定ではあと数日同じリヤドに滞在するつもりだったが、余震やもっと大きい地震が来るとも限らない状況で、耐震性がなさそうな建物に滞在するのは不安が大きすぎる。おとんは「一刻も早く出国すべき！」と言ったが、世界一周航空券の日程変更をするには残席がなく、自分でとりなおすにはあまりにも高額だった。

相談した知り合いから「被害がでているのは山間部で、マラケシュも一部建物の崩壊はあるが、ほぼ日常に戻っている。ツアーは問題なく開催されている」と連絡をもらったので、宿泊先を耐震性がしっかりしていそうなホテルに移して、引き続きモロッコでの旅を続けることにした。やはり旅慣れていない人間にとって、**現地で頼れる人がいるということがなによりもの安心材料になる。**

「ラクダ、イエス」「ラクダ、ノー」どちらも最高

移動したホテルで数日過ごす。ニュースは毎日チェックしていた。これから行こうとしているマラケシュをはじめ、訪れる予定のエリアは問題なさそうだ。**予定どおり、サハラ砂漠に行ってみるか！**

地震当日に相談に乗ってもらった知り合いの夫、モロッコ人のサブさん（日本語がペラペラ）が、プライベートツアーを催行してくれることになった。このツアーは2泊3日。1日目でアトラス山脈を越えてサハラ砂漠に入る。ラクダに乗り、砂漠のド真ん中のテントで1泊し、別の街でもう1泊しながらマラケシュに向かう。

車に揺られながら、途中野生の猿を見て、もぎたてのくだものを楽しむ。

子どもたちの移動中のお供は、タブレット。最初抵抗があったけれど、「移動中はボーナスタイム！　でも、いつでも見られるわけじゃないよ」ということは事前にいくつかルールを決めて子どもに伝えてから、見せるようにした。**お互いに気持ちよく旅するために、タブレットを味方につけようと割り切った。**

右）地震を心配してマリオット系列のホテルに移る。あまり出歩かずにホテル内でまったり
左）ツアーガイドのサブさん。子どもたちのことをかわいがってくれた恩人。子どもたちもサブさんのことが大好き

子どもたちが見るのは映画を含めてアニメがほとんどで、アニメから学ぶことが多いとも感じていた。

休憩を挟みながら、約10時間かけサハラ砂漠へ。サハラ砂漠でラクダに乗ることは、この旅でやりたいことトップ3のひとつ。長い道のりだったが、いよいよ遠目に砂漠が見えてきた。と同時に、なんと雨が降ってきた。

「え？　砂漠って雨降るん？」

聞いてみたら、年に数回とのこと。まぁ、私晴れ女やし、止むやろ……と高をくくっていたら、やっぱりすぐ止んだ（笑）。それにしても砂漠に降る雨を見られたんはレアやったなぁ。

「よし！　雨も止んだし、いざサハラ砂漠！」そう意気揚々と車を降りたが……。

暴風！　砂嵐！　なんでやねん！

細かい砂が巻きあがって目も開けられない。

想定外に大荒れの天気に、さすがの私も「あきらめたほうがいいか……」と思ったが、なぜかラクダの準備は進んでいく。

え？　行くん？　どうやらこちらがNGをださない限り催行するらしい。

「どうする？　ラクダ乗る？」

私は、子どもたちに聞いてみた。

息子は暴風で砂が目に入って痛くてブチギレていて「乗らない！　車で行く！」と頑なだ。対して娘は「早く乗りたい！」とめちゃくちゃ乗り気。

私とおとんはふたりの意見を尊重することにした。私とおとんと娘の3人はラクダに乗って、息子と末っ子はサブさんと車に乗って、それぞれに砂漠の中にあるキャンプ場を目指す（親はどっちもラクダに乗る。笑）。

まともに立っていられないほどの暴風の中、ターバンを巻いてもらい出陣！　おとんは娘を抱えて、私はひとりでラクダに乗る。

ラクダがゆっくり動きだす。360度砂丘。サハラ砂漠を目に焼きつけたいと思うのだけれど、この悪天候、砂ぼこりが目に入って痛くて開けられへん！　1ミリくらいの薄目で必死にこの景色を見る（いや、見えるかぁ！）。砂漠で見る夕日に憧れを持っていた私も、夕日のことなんてどうでもよくなっていた。**見たいのはゴール！　テントはどこや⁉**

ラクダの上は想像以上に揺れる。私はラクダにしがみつくので必死。娘を抱えているおとんは大丈夫か？　後ろを歩くふたりを振り返る。

目に飛び込んできた光景を見て、私は大爆笑してしまった。

おとんが娘を必死に砂から守ろうとして目と口を布で覆っている。娘はおとんによ

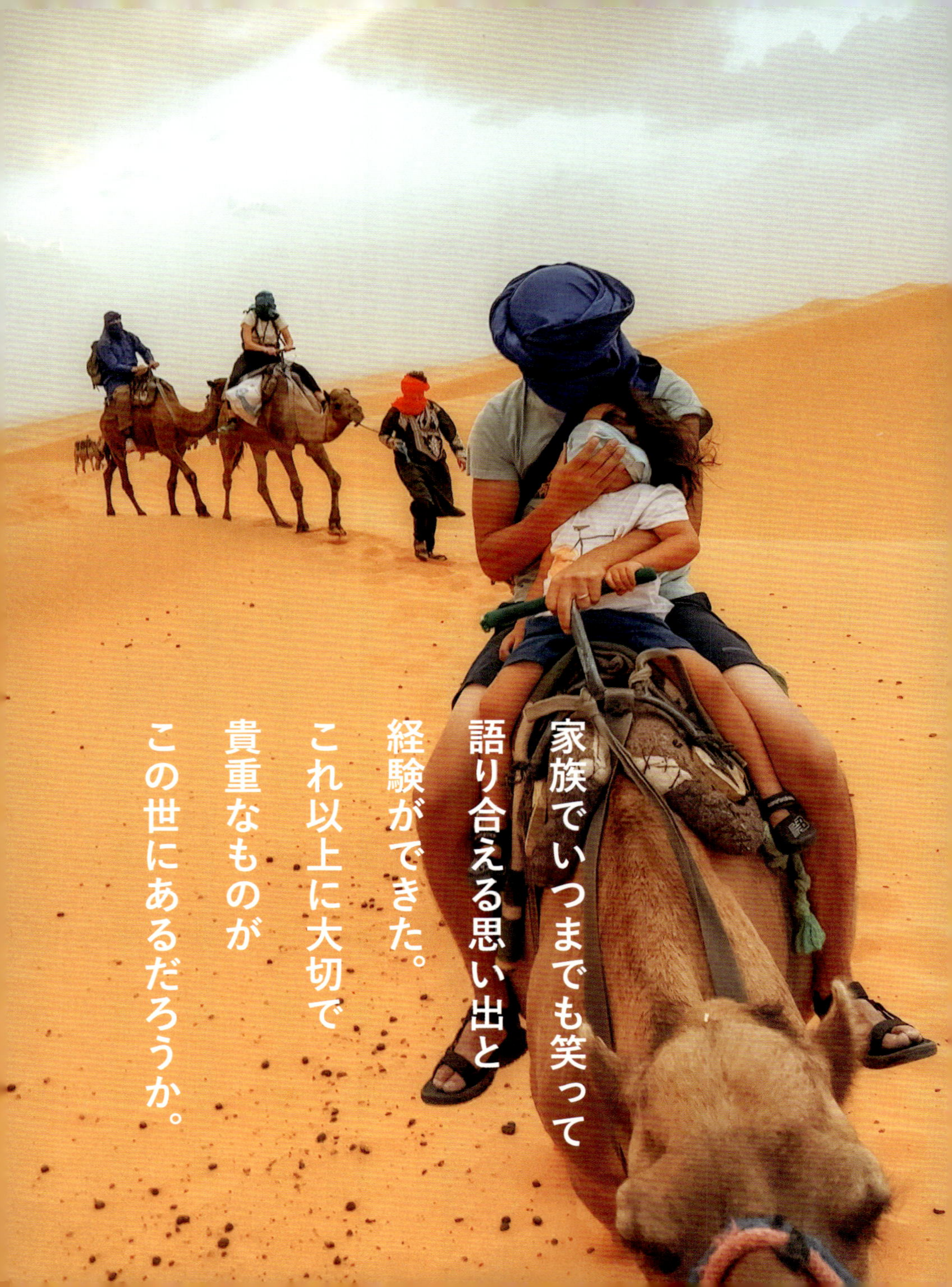

家族でいつまでも笑って
語り合える思い出と
経験ができた。
これ以上に大切で
貴重なものが
この世にあるだろうか。

ろかかっていてぐったりしているように見える。

なんかもう、ヤバい犯行現場やん！

実は娘、この状況にもかかわらず爆睡していたのだが、その娘の脱力感がよりソレっぽさをだしていた（笑）。おかしくてたまらない。

それにしても暴風の中、ラクダの上で爆睡できる娘。揺れが気持ちよかったのか、せめてもの防衛本能なのか。たのもしい。

そんな状況の中でもテントを目指して頑張っていたが、暴風は止まらない。だんだん笑ってられなくなってくる。寒いし、目が痛すぎるし、もう限界。スタートから45分くらいでギブアップ。結局私たちは車で迎えに来てもらうことにした。

娘は車に乗る前に起きたのだが、車を待つ暴風の中、「ラクダどう？」と聞いてみると「いい感じ！」と笑顔でひと言。たのもしすぎるやろ！

上）サハラからマラケシュに向かう途中、民族衣装を着せてもらった。ベルベル人の民族衣装。娘は喜ぶと思いきや、「全然かかとお揃いじゃない！」とブチギレてこの顔（笑）
中）ロッククライマーの憧れの地、トドラ渓谷。息子もクライミングに挑戦
下）マラケシュ滞在中毎日飲んだフレッシュジュース屋さんのジュース。美味！

翌日、子どもたちは現地のガイドさんやスタッフさんの間で有名人になっていた。息子を見て「ラクダ、ノー！」、娘を見て「ラクダ、イエス！」。乗らない決断をした息子、乗る決断をした娘、**「どちらも最高だ！」**と、ほめてくれた。

覚えている・いないが重要じゃない

サハラ砂漠からマラケシュに移動して、しばらく滞在する予定だったが、地震の不安もあり、早めに空港のあるカサブランカという街に移動することにした。ホテルでゆっくり過ごしていたのだが、ここでこの旅ではじめて盛大にお腹を壊した。私が。真夜中、急激に気分が悪くなりトイレに駆け込む。こんなのは生まれて初めてだった。お腹の強さには自信があったし、お腹を壊すのは、絶対私じゃなくておとんだと思っていたのに（笑）。おそらく原因は食べたサラダ。

とにかくつらくてトイレでしばらくうな垂れていた（上から下からが止まらない）。ちょっと落ち着いてベッドに戻ると、末っ子がむくりと起きていた。

「おっぱいくれ」

暗闇の中、座ってこっちを見て、目で訴えている。もう、ホラーやん。

どんなに私の体調が悪くても授乳は止まらない（授乳のおかげで助けられた

何するにも必ず「かかと一緒に」って言う息子が、知らない土地で数時間だけど私と離れる決断をしたのは驚いた

末っ子も1歳になったばかりなのに、一切泣くことなく待っていてくれたよな。サブさんのおかげやわ

ほんと、家族全員頑張った！ 全員がMVP！

このツアーで家族みんなレベルアップした気がする

こともたくさんあるので、総合的に続けていてよかったと思っている）。
押し寄せる腹痛に耐えながら授乳する感じ、どこかで味わったことあるぞ……。そうや、出産直後の病院や。懐かしい感覚に襲われながら、夜をやり過ごした。

ちなみに、1歳になる末っ子は、タイで1歳を迎え、モロッコ滞在中、1歳2か月でひとりで立つことができた。サハラ砂漠では砂漠を懸命によじ登り、大揺れの車の中でも爆睡できた末っ子。たくさんの人にかわいがってもらって、たくさんの人を笑顔にしてきた。**1歳のこの月齢でしかできない世界一周**。きっと本人は何も覚えていないけれど、脳にはしっかり刻まれている。人生の経験値が消えることはない。このタイミングで世界一周をして、本当によかった。

旅後記

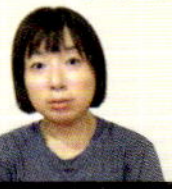

子連れおすすめ度

★★☆☆☆

ちいさな子どもを連れては、なかなかハードルが高い国

市場（スーク）は、かわいい革製品やカラフルな陶器が目移りするほどあって、私はテンション爆あがり。ただ子どもにとっては「暑い、疲れた、つまらん」の三拍子揃う場所なので、長居はできないと思っとこう（笑）。お父さんがいたら、お母さんだけで別行動するのもアリかな。

モロッコの街を走るプチタクシーは街ごとに色が違う。3人までしか乗れないらしく、4人以上いると2台に分かれる必要があることも。

1歳児の砂漠登り。1歳でサハラ砂漠を登ったなんて、なかなかないネタよな（笑）

砂漠の砂で泥だんご

初のキャンピングカーに おとん大喜び！ 日本食を買い込んで 車中泊生活をスタート

やっと出会えた〜

歓喜！日本の食品のオンパレード

末っ子、ついに歩く！

カナダ暮らしを楽しむ

散歩も楽しい

キャンピングカー借りたで！

中広々〜

果てしなく続く
圧倒的自然の道！

絶対見たいオーロラ！

見えるのか！？

美しすぎる湖

カナダの旅、
行ってみよう！

いよいよ太平洋を渡る。モロッコから8時間と4時間半のフライトを乗り継ぐ。これまででいちばん長い移動になった。向かう先はカナダ。

はじめの数日はカナダのカルガリーで過ごす。

1歳2か月、末っ子がついに歩く！

カルガリーでは家主が住んでいる家の一室を借りることにした。私たちはウィーンと同じように、カルガリーでは暮らすように過ごすと決めていた。

スーパーで買い物したり公園に行ったり、庭で遊んだり。料理をして、みんなで食卓を囲んだり。カルガリーで過ごすのは出国して2か月が経とうとしていたころだった。

非日常の旅も、ここまでくると日常になってくる。日常になると心に余裕がなくなってくる。だから、気持ちをリセットするという意味でも、観光をせずに日本と同じような生活をするというのを挟むのはとてもよかったように思う。

暮らしているとカナダは日本人が住みたい国として人気だという理由がわかってきた。住環境もせせこましくなく広々としているし、清潔。日本の食材や調味料がかんたんに手に入ることもかなり大きい。スーパーで味噌を見たときは「ついに会

おかん

このフライトの乗り継ぎ、同じ航空会社だったら余裕やなと思ってたら、乗り継ぎする空港でまさかの荷物ピックアップがあったんよな

おとん

ダッシュで入国審査受けて荷物受けとって、次の便に預けに行かなあかんかった

おかん

こんなん初めてで不安すぎた

おとん

ベルトコンベアで流れていく荷物に叫んだな

おかん

「ちゃんとカルガリーに来いよ〜」って（笑）

えた！」という気持ちになった。日本米だって買える。ラーメン大好きな息子とおとんがテンションがあがったのは、サッポロ一番のインスタントラーメン。海外でその国ならではのものを食べるというのは最高だけど、やっぱり疲れたときや、ちょっと休みたいときに欲するのは日本の味なんやな。

カルガリーでは時差ボケもあり、朝5時には朝食を済ませ、6時から1時間のテレビタイムを挟んで、8時には子どもたちと公園にでかけた。この地域は9月になると朝晩の気温が10度を切る。半袖で過ごしていたモロッコから急に涼しいところに来たのでからだがついていかないけれど、子どもたちは日本では見られないくらい大きな松ぼっくりや、ネコジャラシのようだけどネコジャラシとは違う植物を見つけて楽しんでいる。自然は子どもにいろんな発見をさせてくれるな、と感じる。

そんなカルガリーでのある日。**ついに末っ子が歩いた！**

「歩いたで！」

教えてくれたのは、おとんだった。末っ子の初めての一歩をおとんが目撃したのだ。息子と娘の初めての一歩は、おとんは仕事で見られなかった。末っ子にして初めて、自分の目で見ることができた。歩けた末っ子以上に喜ぶ姿が印象的で、私は見逃したので残念だったが、それ以上におとんが見届けてくれたことが嬉しかった。

日本では見たことがない植物に喜ぶ娘。澄んだ空気の中でする散歩は格別だった

歩けた～

出会いの数だけ人生は豊かになる

カナダでのメインイベントは、キャンピングカーでカナディアンロッキーに行くこと。最初のプランには、キャンピングカーを借りる予定はなかったのだけど、カナディアンロッキーの拠点となる街バンフは、ホテルの宿泊費が高騰していて1泊3万円越えは当たり前だった。加えて移動にはレンタカーが必須となる。結果、キャンピングカーを借りたほうが割安では、と考え至り、ネットで予約をした。

いろいろ不安はあったが、問題なくキャンピングカーを借りることができた。借りたキャンピングカーはとても新しく、キッチン、トイレ、シャワー完備で拡張までできるまさに動く家！　子どもも大人もテンション爆あがり。

そしてこの旅には仲間が加わることになっていた。シニアトラベラーのよしこさんだ。よしこさんとの出会いもインスタグラム。よしこさんは私たちと同じタイミングで世界一周ひとり旅をしていた。旅の仲間が増え大喜びの子どもたち。

よしこさんは、私の母と同世代の元教員。60歳を超えて世界一周の夢をかなえた。

「現状維持は退化よね」とよしこさんは言う。かっこいい言葉だ。年を重ねれば

おかん

英語サイトで20万円払ってキャンピングカーをレンタルするの不安しかなかったわ！

おとん

スマホの翻訳機能フル活用やったよな

おかん

保険部分が不安すぎて全文翻訳してたな

おとん

使い方の説明動画もYouTubeの自動翻訳機能を使ったな。今の時代でよかったわ

重ねるほど、変化することが面倒になるし、怖くもなる。でも、年齢なんて関係ない。私もいくつになっても進化し続けたいと思う。それはよしこさんに出会って、その生き様から教えてもらったことだ。

子どもたちもよしこさんにすっかり懐いて、街を歩けば手を繋ぎ、夜はキャンピングカーのダブルベッドで一緒に寝ていた。

大自然をゆくキャンピングカーの旅

いざ、カナディアンロッキーへ！

カルガリーからは2時間ほどで着くらしい。大きなキャンピングカーの運転に少し緊張していたおとんだったけれど、目の前に広がるのは、**果てしない大自然。ずっと絶景。**めちゃくちゃ気持ちよさそうに運転していた。ちなみに、キャンピングカーは長さ8メートル越え。運転免許証と国際運転免許証を持っていれば運転することができる（私も少しだけ運転してみた）。

カナディアンロッキーに着いて訪れたのは、バンフ国立公園内にあるペイトー湖。氷河が流れ込む湖なのだが、その美しい水色といったら！　自然界に存在しているとは思えないほど美しいターコイズブルー。これは一見の価値がある。

右）これまででいちばん長時間の移動を終えて。そりゃ疲れるよな、お疲れさま
中）カルガリーの公園。肌寒いのに子どもたちは半袖で元気いっぱい！
左）カンガリーの図書館にて。友人からカンガリー在住の人を紹介してもらい、いろいろ相談した実はここバンフは、**おとんがこの旅でいちばん気に入った街**だった。帰国後もずっと「海外に住むならバンフ！」と言っている。

バンフはちいさな街だが四方が山に囲まれ、自然と調和したかわいらしい建物が並ぶ。通りにはビーバーストリート、ウルフストリートなどと動物の名前がついていて、マンホールにはそれぞれの動物が描かれている。

この街でいちばん衝撃的だったのは、街の外れのキャンプ場で野生のエルクという鹿を見たこと。奈良の鹿とは比べ物にならないくらい大きい。子どもたちも「さっきの鹿のマネ！」と言って、しばらく指でツノを作って鹿ごっこをするほど大興奮していた。雄大な自然と観光が融合した素晴らしい街。バンフの日本食料理店で天丼を食べながら「もし私たちがここに住むならどんな店を開くか？」という妄想を延々と繰り広げたのだった。

バンフのキャンプ場に1泊して、次に目指すはジャスパーという街。さらに北上する。ジャスパーはおとんがぜひ行きたい、と言っていた街なのだ。というのも我が家の愛車デリカは、ジャスパーという特別仕様車で、この街がその名の由来となっている。変態ともいえるほど車好きのおとんはキャンピングカーでこのジャスパーに行けることにテンションはMAXだった。

人生でいちばん大切なのは
お金を貯めることでも
いい仕事に就くことでもない。
どれだけ忘れられない
思い出を作れるかだ。

ジャスパーではルイーズ湖とモレーン湖というふたつの湖を巡る。まず、ルイーズ湖に着いたのだが、霧がかって、あたりは真っ白だった。

絶景はどこ……？

少し待ってみたが状況は変わらなかった。私たちはルイーズ湖をあきらめてモレーン湖に向かうことにした。が、そのとき、どんどん雲が晴れていったのだ。

これはもしかして……！

私たちがルイーズ湖に戻ると、なんと霧が晴れたのだ！

目の前に見たかった景色が広がる。息をのむほど美しい山と湖。でも、私はこの絶景より**「一度見られなかったのに、もう一度来たら見られたこと」に興奮した。**

このあと訪れたモレーン湖も青い空が広がっていた。

運を引き寄せた、と思った。

実は、モレーン湖に行くシャトルバスの予約をすっかり忘れていた私。予約したときには夕方にしか空きがなく、仕方なくとったのだけど、事前に午前中の時間で予約をしていたら霧がかかってこの絶景は見られなかった。

私は美しさの中にいる子どもたちにカメラを向けた。撮った写真を見て思った。

「Windowsやん」

パソコンの壁紙みたいに絶景やで！

湖を見に行ったよ！

おとん

キャンピングカーは大満足やったな

おかん

快適すぎた！　老後にキャンピングカーを買って旅したいって思ってたけど、子連れにこそ最高やわ

おとん

これほど大きいのは無理やとしてもな

おかん

ほしいなぁ～

果たしてオーロラは見えるのか？

キャンピングカーでの旅を終え、よしこさんともお別れ。私たちが向かった先はイエローナイフ。そう、次の目的は、オーロラを見ること。イエローナイフには5泊する。子連れで真夜中のツアーは無理だと思ったので、部屋の中からオーロラを眺めることができる湖畔の宿を予約した。

が、くもりの日が続き、薄いモヤのようなオーロラは見ることができたが、大爆発を見ることはできなかった。5日間が過ぎて、気分が沈みがちだった。

そして迎えた最終日。やっと晴れた。

「今日の夜はオーロラの奇跡を起こすぞ！」

私たち夫婦はやる気満々だった。子どもたちとてるてる坊主だって作った。今日はふたりで交代しながら起きて、空を見ておこう。「オーロラが見えたら絶対に起こしてな！」そうおとんと約束して子どもたちを寝かしつける。

寝かしつけも終わり、23時ごろ、今までよりも動きのあるオーロラが現れた。もしかしたら今日は本当に見られるかもしれない。

高まる期待。しかし、それと共に眠気も高まってくる。そんな中、深夜1時半、

キャンピングカーの旅を一緒に楽しんだよしこさんとお別れ。家族ではない人と一緒に生活をするというのも貴重な経験

おとん離脱（寝るんかい！）。

でも、私はあきらめない。オーロラはあきらめなかったものだけが、見られるのだ。

イエローナイフは冬になると気温がマイナス30度にもなるが、この時期はまだ0度近く。外にでて様子をうかがうことができるので、眠気ざましにでてみる。

私がまだかまだかと空を見あげていると、末っ子の泣き声が聞こえてきた。仕方なく授乳しに部屋の中に入る。それでも部屋から空を眺めることができるので、添い乳しながらオーロラを見守った（最高）。

もうすぐ2時になろうとしたとき、薄いオーロラがではじめた。直感的に大きくなりそうな気がする。

よし！　濃いの来い！　来い来い！　来い……

……ハッ！　と気づくと3時半。添い乳で寝落ち。体感では数分だったが、1時間半が経過していた。空を見ると霧がかっている。今回は見られなかったか、残念。

翌朝、私は念のため、毎日イエローナイフのオーロラ速報を発表しているオーロラビレッジという施設のホームページをチェックした。すると、そこには大爆発したオーロラの写真が載っているではないか!?

うそやん！　その日のピークは2時～3時半（まさに私が寝落ちしていた時間）。

カルガリーでせっかく味噌ゲットしたのに起きた悲劇。その名も「味噌没収事件」

おかん

それは空港で起きた。カルガリーからイエローナイフに向かう国内線の手荷物検査でひっかかった

しょうゆ、味噌、ケチャップが持ち込めへん

おかん

日本の国内線と同じように国内なら液体の持ち込み制限ないと思ってたのにな！

しょうゆと味噌…心の拠り所が…（涙）

右上）大事な旅の相棒、ベビーカーがパンク！　奇跡としか言えない場所（宿のすぐそば）に自転車屋さんがあり、とても親切に修理してくれた。店主のマスさんと
右下）オーロラが見えますようにと願って作ったてるてる坊主
左上）実際に私が見たオーロラ。感度のいいスマホカメラでは割と濃く写っているが、実際は、もっと薄かった
左下）私が寝落ちしている間に実際に見えたオーロラがこちら。くぅ～、こんな大爆発が起きていたなんて～！　ⓒNanook Aurora Tours / Yoshi Otsuka

やった後悔よりも
やらなかった後悔のほうが
あとに残る。
だからやりたいことはやる！
そんな姿を背中で見せる
親でありたい。

爆発もほんの30秒ほどだったと書いてあった。

く、悔しい！　寝落ちした自分の頭の上でこんなにきれいなオーロラが輝いていたなんて悔やんでも悔やみきれない！

私はその悔しさと引き換えに、「せっかくイエローナイフまで来たのに、授乳で寝落ちしてオーロラを見逃した」という**他の人には語れないであろう最高のネタを手に入れ**たのだった。

でも、私はまた見に来る！　絶対大爆発を見るから、待ってろ、オーロラ!!

旅後記

子連れおすすめ度

★★★★☆

車移動ができれば子連れも快適ただ寒さには要注意！

カナディアンロッキーは絶景好きにはたまらない！
バンフ～ジャスパーまでの300キロの間に見どころ満載。冬は立ち入り不可の場所があるので注意を。
子連れでオーロラを見るなら、オーロラビレッジのような施設のほうがよかったかも。チャイルドシートが不要な年齢ならオーロラを車で追いかけるツアーに参加できるので、それに参加するのがオーロラを見られる確率がいちばん高そう。

旅の基礎

世界一周 Q & A

世界一周航空券って何? どうやって取得するの?

世界一周航空券は、出発地点から太平洋と大西洋を1回ずつ渡って、出発地点に戻ってくる航空券のこと。都度航空券を手配するよりかなりお得に旅ができる夢あるチケット。ただ、いろいろ細いルールがあり、私はなかなかルートが決められず発券まで5か月もかかった。原則的には一方向に進む必要があり、飛行機に乗れる回数も限られている。私が買ったのはスターアライアンスの世界一周航空券で、最大フライト区間は16回。手数料はかかるが、出発してからのルート変更もOK。ルートから外れる場合は、自分で航空券を手配する。ちなみに世界一周旅行券での旅の日程は、最低で10日間、最長で1年間の日数が可能。

海外旅行保険について知りたい!

まずは、Marriott Bonvoy アメリカン・エキスプレス・プレミアム・カードに付随している旅行障害保険。この保険に入っていたおかげで、トルコでの医療費(P38~参照)はすべて戻ってきた。ただ、補償期間は出国から90日なので、途中で別の保険に入る必要あり(日本語サポートは90日過ぎても利用できたので、これが心の支えだった!)。

この保証期間後に選んだのはSafetyWing の海外旅行保険。掛け金は安めだが、やりとりはすべて英語で、免責額も250USドル(約3万5000円)。メキシコなどで病院に行ったが、結局翻訳するのが面倒で、未だに申請していない。

海外でよく使った・役立ったスマホアプリは？

いちばん使ったのはグーグル翻訳。オフラインでも使えるし、英語以外の言語にも対応している。本当にこれがなかったら旅できなかったと思っているほど。次に使ったのがタクシーアプリ。基本はUberだが、タイはGrab、エジプトはCareemと使えるタクシーアプリが国によって違う。飛行機の検索に使ったのはスカイスキャナー。航空券の検索ができる。私は、飛行機はすべてこれで検索して、予算や時間などから飛行機を決定。そのあと航空会社の公式のホームページにとんで予約をしていた。世界中の人とのやりとりで必要なのがWhatsAPP。ほぼすべての国でメッセージのやりとりはこれで行った。

海外のネット環境どうしてた？

iPhoneのデュアルＳＩＭというふたつのＳＩＭを併用できる機能をフル活用。契約している楽天モバイル（海外ローミングを毎月2ギガ分無料で使えて、1ギガ500円で追加もできる）と、現地のＳＩＭまたは、ｅＳＩＭ（Holafly、TRAVeSIMなど）からひとつを電波状況を見ながら使い分けていた。ホテルのWiFiは使ったけれど、そのほかのフリーWiFiは使わなかった。タブレットの視聴はギガ数が限られているのでストリーミングではなくホテルのWiFiを利用してダウンロードしておいた。また、ＶＰＮ（ExpressVPN）に接続すれば、ファイヤースティックも使えるので、ホテルで日本の映画も楽しめる。

壮大な絶景のオンパレード！キャンピングカーで行く20日間の旅で人生を見つめ直す！

キャンピングカー再び！

どこまでも続く道

絶景、絶景また絶景！

グランドキャニオン

最後はセドナでパワーチャージ

人生でいちばんの星空

末っ子靴デビューー！

アメリカの旅、行ってみよう！

出国して93日目。もうすぐ3か月が経とうとしていた。折り返し地点の場所として選んだのはアメリカ。アメリカでの生活は約20日間。カナダのようにキャンピングカーを借りて旅をする。今回は日本の会社を経由して借りた。現地在住の日本人がメッセンジャーでサポートしてくれるので、とても心強い。

絶景と引き換え!? 高額キャンピングカー生活

アメリカとひと言でいっても広い。私たちはラスベガスを出発地点として、グランドサークルと呼ばれるユタ州とアリゾナ州にある国立公園群を巡ることにした。行きたかったグランドキャニオンもそのひとつ。**広大な自然を旅するのだ。**

ちなみに20日間キャンピングカー生活、めちゃくちゃお金がかかる。車自体を借りるのも高かったが、ガソリン給油は毎回1万円超え。しかも燃費が悪く4キロ／リットル。1日400キロ以上走るので、ほぼ毎日給油が必要だ。それで宿泊費が0円ならいいのだが、RVパーク（車中泊する場所）に停めるのにも1泊5000円~1万円がかかる。このレンタカー代が世界一周の旅でかなり大きな金額となった。

さらにカナダではチャイルドシートがレンタルできたが、今回はレンタルができ

おかん

バンクーバーでの乗り継ぎ1時間11分しかなくてめっちゃ焦ったな！

おとん

娘と荷物持って猛ダッシュしたわ！

おかん

しかもさ、手荷物検査場に着いたら私のチケットがないねん！ 末っ子の分が2枚発券されてんねん！

おとん

終わったと思ったよな。なんとか間に合ったけど汗だくやったわ

なかった。まずはチャイルドシートを買いだしに行ったのだけど、末っ子と娘のチャイルドシート、息子のジュニアシートで合計2万円。これもなかなかの痛手。

ただ、キャンピングカーはキッチンつき。今回は炊飯器もつけてもらった。しかもここはアメリカ。比較的かんたんに日本食が手に入る。円安の今（このとき1ドル約150円）、外食なんてしようものならチップ込みで一食1万円なんてすぐ超える。キャンピングカーで生活する間は毎日自炊をすることにした。

初日はラスベガスにあるRVパークに宿泊した。RVパークでは、旅人同士の仲間意識が生まれるので、顔を見ると挨拶したりする。向かいに泊まっていたのはドイツから来たファミリー。「明日帰るから」と、ポップアップトースターや余った調味料などをくれた。

こんなちいさな出会いがキャンピングカーでの旅ではたくさんある。お金はかかったけれど、旅と心を豊かにしてくれる。**それはプライスレス**。

アメリカに入って増えた夫婦喧嘩

ザイオン国立公園に行ったとき、車内でご飯を炊いておにぎりを持参した。アメリカで買った米は、日本米よりもモチモチ感が少ないけれど、炊き立ての米が食べ

キャンピングカーでは自炊生活。日本ではあまり食べないメニューも子どもたちはバクバク食べてくれる

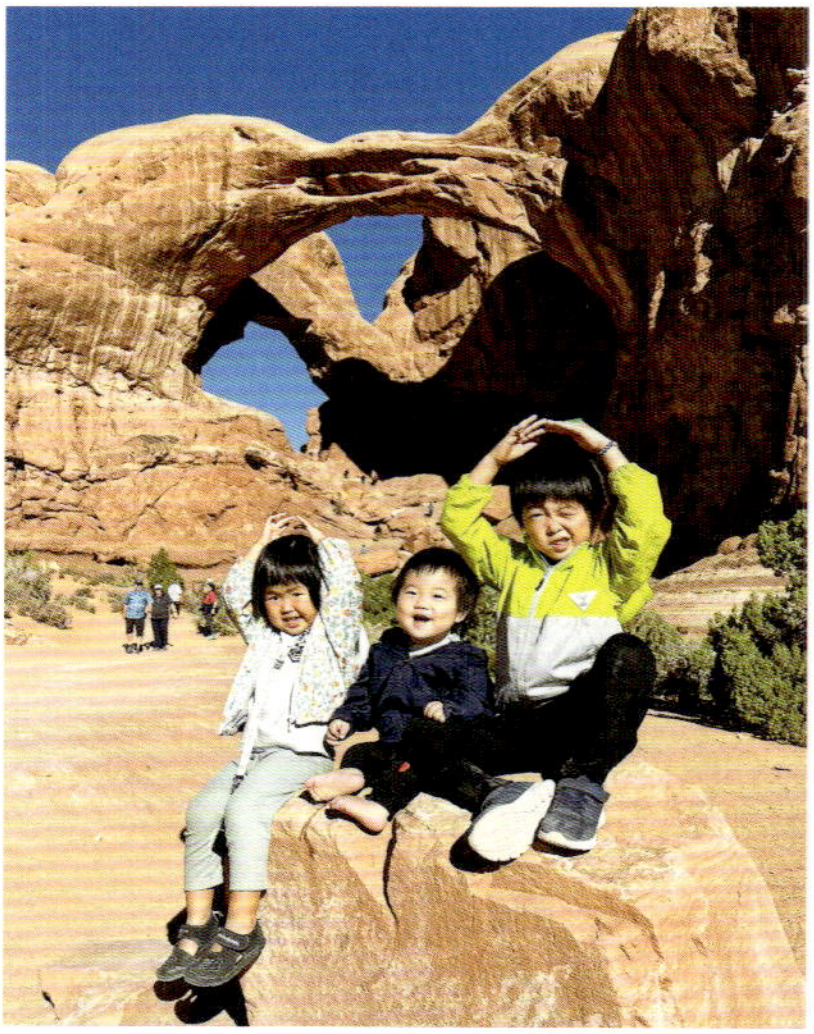

右上)ザイオン国立公園のトレイルコースにある川。水遊びができる。米粒事件の現場(笑)
左上)アーチーズ国立公園にある、アーチ型の岩。大小2000ものアーチ型の岩が点在する。圧巻！
右下)絶景を眺めながらキャンプ。最高のロケーションで食べたカレーライスはどんなカレーよりもおいしかった
左下)ウォルマートは店舗によっては駐車場で車中泊もさせてもらえる！　もちろん0円！

日食も見たで！

られるのは贅沢。

ザイオン国立公園は初級者から上級者までのトレイルコースがたくさんある。私たちは初級者向けのコースを歩くことにした（サンダルだったこともある）。大地を切り裂く巨大な岩を背景に、整備されている道を歩く。子どもたちは「いい葉っぱ見つけたで」「棒あった」と、落ちている葉っぱや木の棒を拾って忙しそう。寄り道ばかりでまったく前に進まない。

やってること、日本の公園と変わらんやん。

でもここは世界有数の絶景スポット。背景には、広大な赤茶色の崖と美しい緑。野生のリスも見える。この非日常のワクワクのおかげで、日本にいるときよりもイライラしない。これは旅しながらこ子育てをすることの大きなメリットだと思う。

しばらく歩いたところで川べりでおにぎりを食べながら休憩することにした。おにぎりを食べていると、末っ子が冷めてパサついた米の食感が気に食わなかったのか、舌をべーっとだして米粒を吐きだした。

できるだけ落ちている米粒を拾ったが、すべて拾いきれなかったようだ。それに気づいたおとんが怒った。

「なにしてんねん！」

ブチギレである。

RVパークにはハンパない車がたくさんあったよな

もはやバスやんな！しかも拡張するとバーがでてきたり、テラスがでてきたり！

キャンピングカーを拠点にマイカーで観光するっていうのがアメリカの金持ちスタイルらしくてな

キャンピングカーが自動車引いて走って来たときは、びっくりしたな(笑)

左）侵食した地層がいくつもの渦を巻いたようなかたちを創るアンテロープキャニオン
右）その名のとおり馬の蹄のようなかたちをしたホースシューベンド

ルート66の街、セグリマンを観光。フォトスポットがたくさん！

「次にここに来た子どもが米が落ちているんを見てどう思うねん！」

確かに、おとんが言っていることは正論だ。だけど、そんな言い方せんでもいいやん。私もイラッとして、絶景を背景に口論になってしまう。この米粒がきっかけの夫婦喧嘩、子どもを寝かしつけたあとの話し合いにまで発展した。

実は、それまでも旅中に喧嘩はたくさんあった。

子どもたちの前で夫婦喧嘩はよくない。今回のように子どもたちが寝てからその時間をとれば、お互いにスッキリして次の日を迎えることができる。でも、子どもたちと一緒に寝落ちしてしまうこともあるし、私が夜中の時間を仕事に充てて夫婦で話し合いができないこともあった。24時間一緒に過ごしていながら、夫婦でゆっくり話ができない。完全なるコミュニケーション不足。

それは、日中のイライラにつながる。アメリカを旅するころは、口を開けばすぐ言い合い。ああ言えばこう言うの繰り返し。結局、夫婦の会話が足りないから、いつの間にかお互いに「自分はこれだけやってるのに」が膨らんでいく。やってくれていることよりも、やってくれていないことばかりに目がいき、不満が募る。

結局はお互い「認めて欲しい」だけなのだ。

自分がやってることに「ありがとう」って言ってもらえるだけでいいのに。

相手がやってくれたことに「ありがとう」って言えばいいのに。

いちばん近い家族だから当たり前になってしまう。でも本当はいちばん近い家族だからこそいちばん感謝すべきなのだ。

どういう夫婦でありたいか。この答えは旅を終えた今でもまだでていない。

だけど、結局は自分を変えるしかない。

私たちが喧嘩をしていると、いつも仲裁に入ってくれるのは娘。

「お父さん！　そんなふうに言うたらあかん！」

「もうちょっと仲良くしたら？」

日々、子どもに言っていることをそのまま返されぐうの音もでなくなる。本当に娘は、誰よりも家族をよく見ている。あるときは「会議しよ」と提案してくれたりもした。息子は息子で私がおとんに言い負かされていると「そんな言い方せんでもいいやんな」となぐさめてくれ、満面の笑みで癒してくれた。この旅、子どもたちにどれだけ助けられたことか。

規格外の絶景オンパレード！

グランドサークルは国立公園を巡るのがメインとなる。私たちは、ラスベガスからスタートして、バレーオブファイヤー州立公園、ザイオン国立公園、ブライスキャ

おかん
この旅ではよくぶつかったな
おとん
ここまで24時間一緒ってことないもんな
おかん
なのに、なかなか夫婦で話す時間も持てないっていう
おとん
毎日学びで、反省した夜も多かった
おかん
旅から帰ってきた今も変わらずで。人生勉強よな！

ニオン国立公園と巡って、4つ目はアーチーズ国立公園へ。

このアーチーズ国立公園は名前のとおりアーチ型の岩（自然が創りだしたもの）で有名。特に「デリケート・アーチ」と呼ばれるユタ州のシンボル的な14メートルのアーチがあるのだが、そこまで行くには、車を降りて往復2時間半の道を歩かないといけないらしい。子連れではそれは無理。しかし、地図で調べるとすぐにいけそうなアーチ岩があったので向かった。

すごっ！

どう表現すればいいかわからないくらいスケールが大きい絶景が行き着いた場所には広がっていた。迫力が半端ない。

自然が織りなす見事な巨大アーチに感動していると、子どもたちが、岩で遊びはじめた。岩を車に見立てたり、岩を登ってみたり。

旅先を決めるときに「絶景なんて子どもは退屈かな？」と心配する人もいるかもしれないけれど、問題なし。子どもは自然と触れているときがいちばんいい顔をしていると私は思う。岩なんて半永久的に遊んでいるし。

子ども×自然＝創造力無限大！

それに、私は**絶景の中で目を輝かせながら楽しそうに遊んでいる子どもが、実はいちばんの絶景**だと思うのだ。ずっと眺めていたい光景だ。

たくさん歩くときは抱っこ紐を使って。モンベルの抱っこ紐が軽くておすすめ

1年後、確かに子どもは覚えていないかもしれない。でも、それはそれでいいじゃないか。私は思う。親の心に一生残ればそれでいいじゃないか。

この2日後に訪れたグースネックス州国立公園でも、絶景をバックに子どもたちがはじめたのは、土遊び。「土の色違うな!」「こっちの土のほうが固まるな!」と言いながら土団子を作ったり、石を並べてお店屋さんごっこをする。私も一緒になって遊んでみたら、また違う目線で世界が見えた気がした。

グランドキャニオンはやっぱり桁違い

ホースシューベンド、アンテロープキャニオン……その壮大な景色に圧倒されっぱなしの毎日。そしてキャンピングカーで旅して16日目、私たちはいよいよグランドキャニオンを訪れた。

正直、私は「グランドキャニオンでちゃんと感動できるんかなあ?」と、ちょっと不安になっていた。この16日間、お腹いっぱいすぎるくらい絶景祭りの日々を過ごしていたから。

しかし、そんな心配は無用だった。

20億年かけて風化や侵食で創られた大自然のアート。

おかん
国立公園は、車を停めてシャトルバスで公園内を移動することも多かったな

おとん
ブライスキャニオン国立公園のときさ、めっちゃゆかいなグループが入ってきたよな

おかん
バスの中で歌いはじめて大合唱やった

おとん
そしたらみんな手を叩きはじめて…

おかん
最後大拍手! 陽気で楽しかったわ!

不安がないから行動できたんじゃない。
行動したから不安がなくなった。
すごいことなんてしなくていい。
自分ができることからやってみよう。

自分ってなんてちっぽけなんやろ……、私の悩みってちっさいなあ……。
自然とそう思えた。私がどれだけ子育てに悩もうと、おとんに腹を立てようと、仕事と子育ての両立に頭を抱えていようと、**大自然は何も言わずともそこにあって、その存在だけで大切なものに気づかせてくれる。**グランドキャニオンは、私に「おーい、そんなちっぽけなことで悩んでないで！ それくらい大丈夫大丈夫！」と言ってくれているみたいだった。

それに、「今、人生においてとても貴重な瞬間を過ごしているんだ」と改めて感じた。末っ子はこのキャンピングカーの旅の間に靴デビューをし、私と手を繋いで一生懸命に歩いているけれど、すぐにひとりで歩けるようになり、ひとりで遠くまで走れるようになる。

息子と娘だって、いつまで「抱っこして！」と甘えてくれたり、「かか！ かか！」と私を全力で求めてくれるのかわからない。目の前にある20億年の大自然の歴史からすると、私のそんな日々なんてほんの一瞬なのだ。

今を大切にしょう。〝ない〟ことばかりに意識をとられて、今〝ある〟ものを見逃さないようにしよう。

私の悩みなんてちっぽけ、大丈夫大丈夫。

グランドキャニオンにとても大切なことを教わった日、日の入りを待ちながら次

おとん

グランドキャニオンで娘が石を投げて、観光客に当たったっていうちいさい事件があって

おかん

私がまず謝って、娘を連れて謝りに行こうと思ったんだけど

おとん

大号泣してたな

おかん

悪いってわかってたけど、異国の地で英語で「ごめんなさい」は4歳児にはハードルが高かったんやな

おとん

でも、遠くから「ごめんね」って言って娘なりに頑張ったな

の国で予約していた宿のクチコミを調べるおとんがいた。「ゴキブリがでる」などよくないクチコミを見て、めちゃくちゃテンションが下がっている。そんなおとんを見て思った。「そんなちっぽけなことで悩んでないで！　大丈夫大丈夫！（笑）」。

一生忘れない20日間

グランドサークルを巡る旅の最後の目的地はセドナ。言わずも知れた世界有数のパワースポットだ。セドナにはボルテックスといわれる地球のパワーが渦巻き状にでているといわれる場所がある。しっかりパワーチャージしたい。

そんな中、おとんと息子の喧嘩が勃発した。実は、世界一周に行く前から、おとんと息子はしょっちゅう喧嘩をしていた。息子のやることにおとんが注意する。それに対して息子が泣き、また怒るの繰り返し。私たち夫婦の米粒事件のように本当にちいさなことなのだ。見ている側からすると、おとんはそれくらいのことで強い言い方しなくていいと思うし、息子もそんな落ち込まなくてもと思う。

セドナでも(今、思い出せないくらい)些細なことでおとんが怒って息子が拗ねた。パワースポットの地なのにネガティブな空気が家族に漂った。そこで娘がひと言。

「お父さん、ここ怒るところちゃうで！　景色見るところやで！」

時間がない、余裕がない
と嘆いている今は、
十年後の自分が願っても
手に入らない尊い日々。

おとんもハッとした顔になる。やっぱり娘に助けられた。

このキャンピングカーの旅は本当に一生忘れないと思う。キャンピングカーのキッチンで作ったカレーも肉じゃがも、親子丼も。日本で作るそれとは比べ物にならないくらいおいしかった。夜中にキャンピングカーを降りて見た満点の星空も、もちろん数々の絶景も。

人生は盛大な思い出作りだ。

3人の未就学児を連れて、アメリカで20日間のキャンピングカー生活。なかなか自分でも「人生、結構盛りあげたなぁ～」なんて思う。

旅後記

子連れおすすめ度

★★★★☆

車中泊に慣れたファミリーならマイペースで楽しめる！

アメリカは子連れで行きやすいスポットがたくさんあるけれど、私たちがしたキャンピングカーで巡るグランドサークルの旅は、車中泊に慣れていないと難易度は高め。
ただ、キャンピングカーは移動中子どもが騒いでもまったく気にならないし、時間を気にすることなく過ごせるのがメリット。
自炊をしたが、円安はかなり家計を圧迫した。

おかん

セドナはずっと行きたかった場所やねん

おとん

言ってたよな

おかん

中学生のころ、私が入っていた吹奏楽部で「セドナ」という曲を演奏してからずっとだから！

おとん

まさに20年越しで夢がかなったんやな

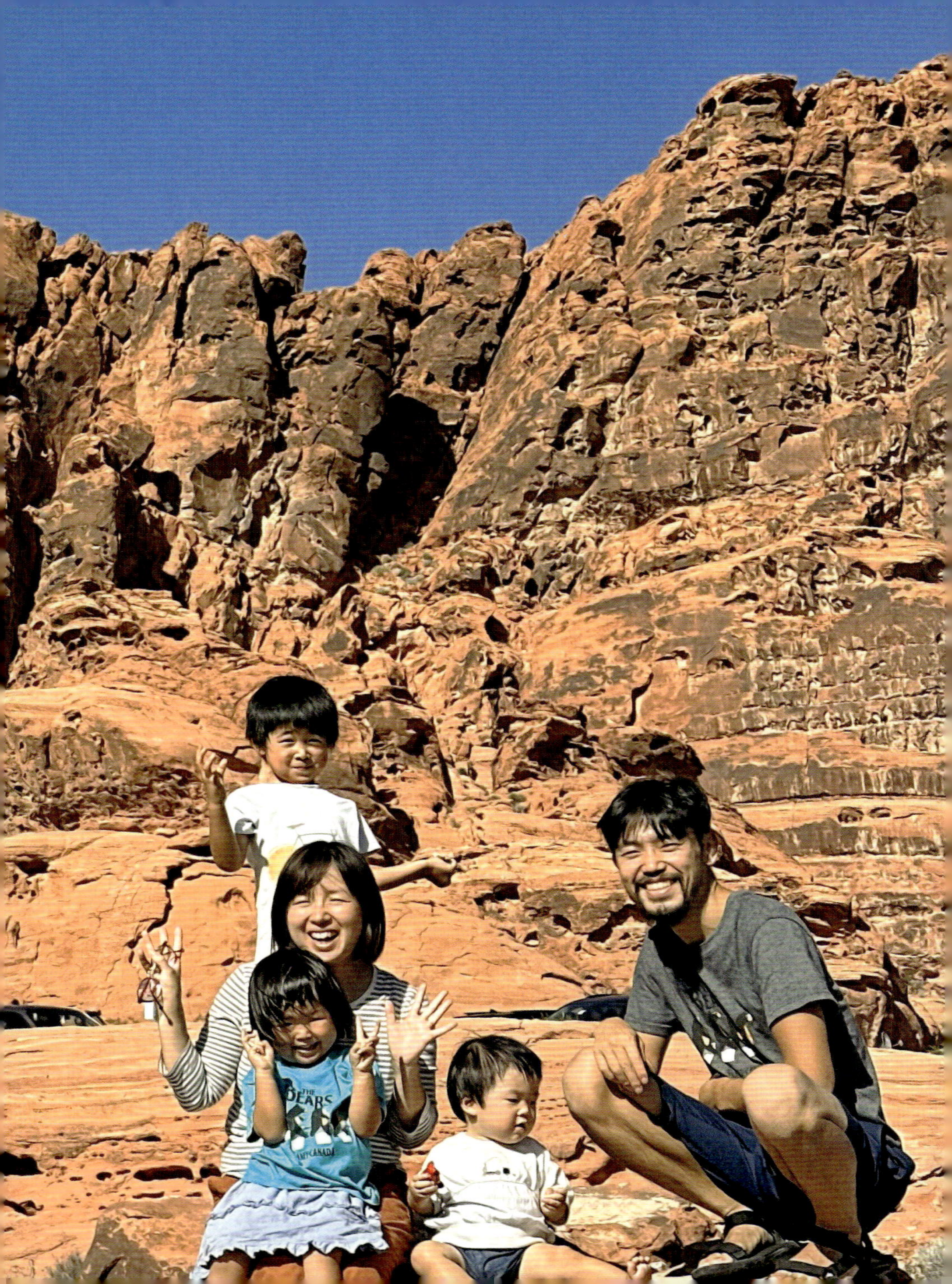
THE
BEARS

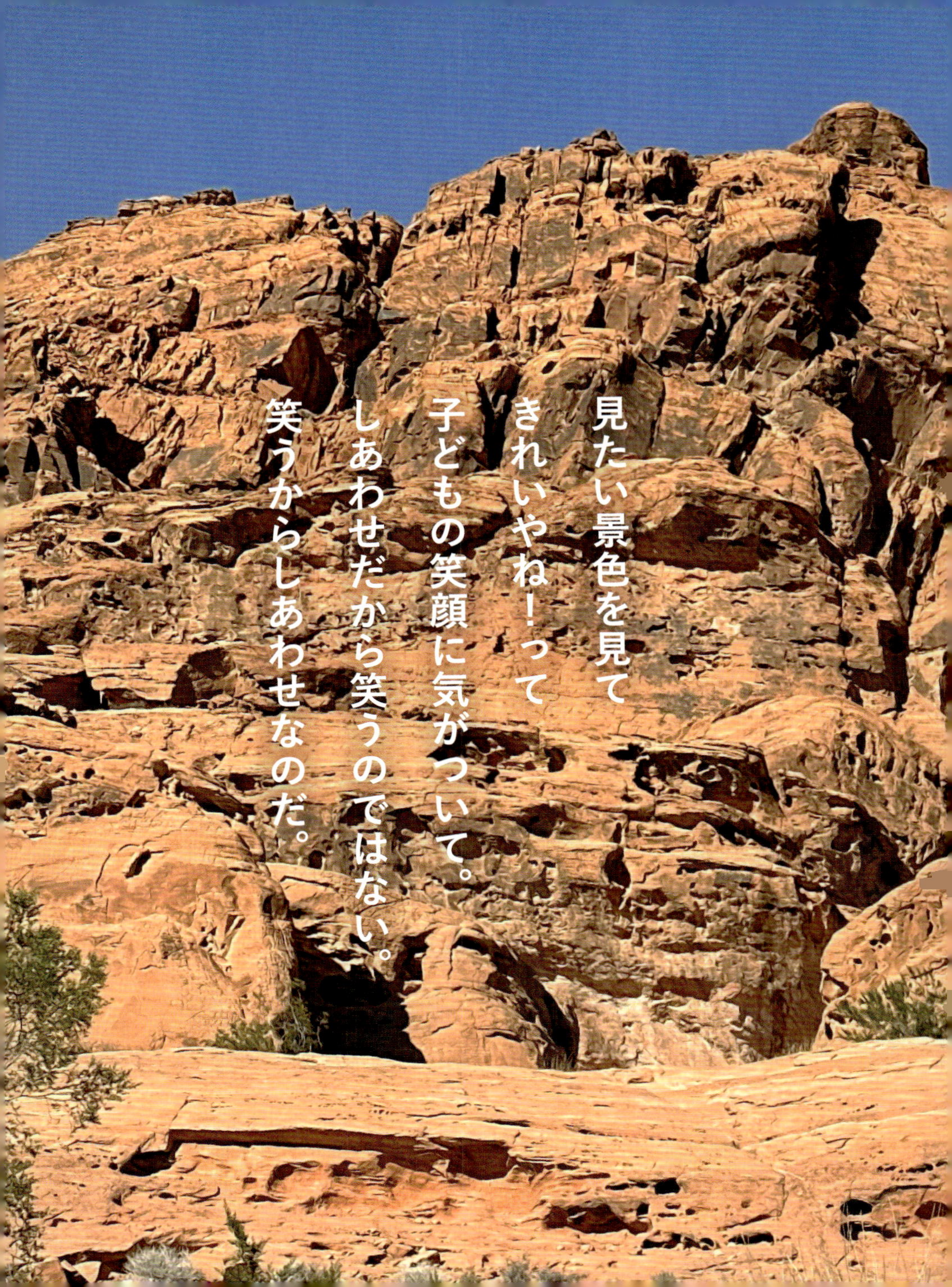

見たい景色を見て
きれいやね！って
子どもの笑顔に気がついて。
しあわせだから笑うのではない。
笑うからしあわせなのだ。

末っ子けいれんで脳波測定!?
娘転倒で3針縫う!?
死者の日を通じて命あることに改めて感謝

旅継続の危機!?

死者の日

『リメンバー・ミー』の世界

メキシコでもショッピングモールは神！

めっちゃ通った！

メキシコの旅、行ってみよう！

娘、転んで3針縫う

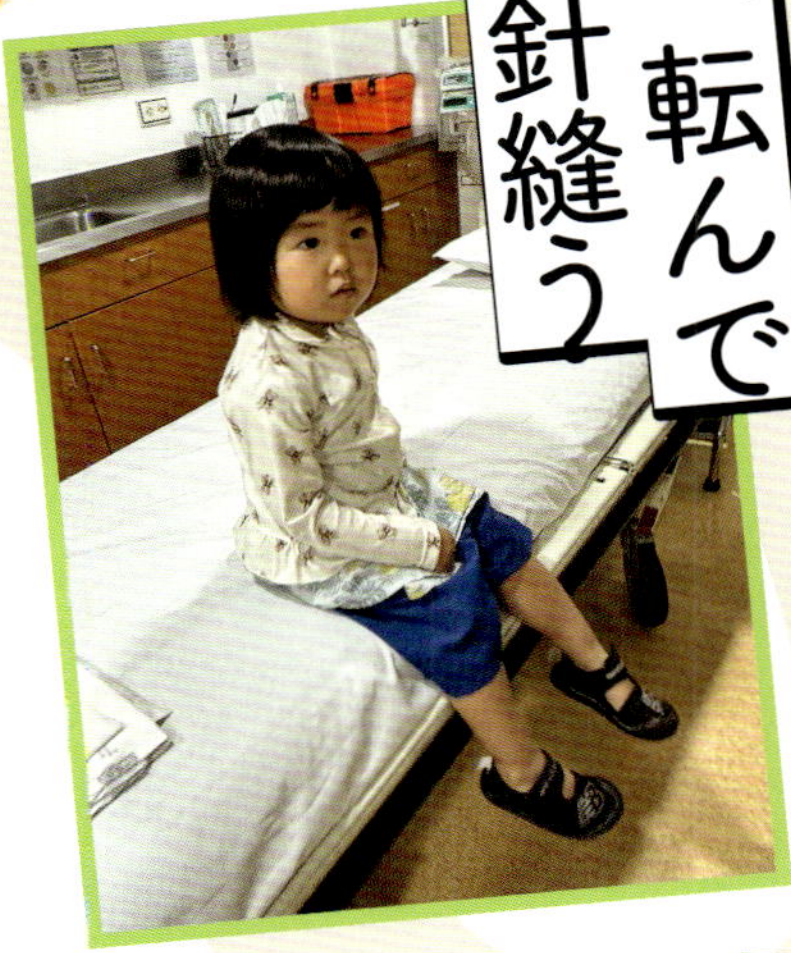

こわい…

末っ子、脳波を調べる

ここどこ…？

日本を出発する5か月前。何気ない気持ちで見たディズニー&ピクサーの映画『リメンバー・ミー』。この映画にとても感動した私は、「死者の日のお祭りに参加したい！」と思い、それに合わせてお祭りが最も盛りあがる街、オアハカの宿を予約した。メキシコシティから7時間バスに揺られてオアハカへ向かう。

そこは『リメンバー・ミー』の世界

オアハカの街に入るとそこには『リメンバー・ミー』の世界が広がっていた。そこかしこにガイコツの人形とマリーゴールドの花が飾られていて、見あげるとカラフルな切り絵がずらりと旗めく（パペルピカドというらしい）。そして、ガイコツメイクをしている観光客が街中を歩いている。

ほんまに死者の日に来てるんやぁ！

流れるラテン音楽を聴きながら興奮が止まらない。

死者の日は日本でいうところのお盆のような行事で、故人の魂がこの世に戻ってくるとされている。その魂を迎え入れるために、各家庭には祭壇が設けられ、街は華やかなガイコツの人形や、オレンジ色のマリーゴールドで彩られる。

毎年11月1日と2日に行われるのだが、前日の31日からお祭り騒ぎ。このメキシ

街中にある祭壇、オフレンダ。たくさんのフルーツやパンがお供えされている

コの「せっかく故人が帰ってくるんだから明るく迎えようぜ！ イェーイ!!」という雰囲気が、亡くなった家族への愛にあふれていた。

オアハカには10月30日から5日間滞在した。3日目は夜にパレードもあり、この日がいちばん街が盛り上がる日だった。観光客もとても多い。

せっかくだからみんなでガイコツメイクをして楽しむことにした。

まずは息子から。息子はまさに『リメンバー・ミー』の主人公ミゲル。かわいい〜！ 私も娘もおとんも、かわいく仕上げてほしかったのに、できあがった私と娘はなんだかプロレスラー親子。おとんはどう見てもスケキヨ(笑)。ミゲル1、プロレスラー2、スケキヨ1。**なんともユニークはファミリーが誕生したのだった。**

末っ子は水で落とせるタトゥーをして、パレードを待つ。

夜になると人の数がすごい。スリに注意しながらパレードルートを探す。花火が一発打ち上がってパレードスタート！

「ヒュー!!」という音がして、花火を振りまわし火花を撒き散らしながらガイコツのオブジェを被った人が歩いてきた！「近い近い！ この距離でするもんじゃないやろ」とつっこみたくなったが、私はその光景にワクワクしていた。対して子どもたちは唖然。ちょっと引いてる(笑)。そのあとをゾロゾロと管楽器隊やガイコツのオブジェが列をなして続いてくる。

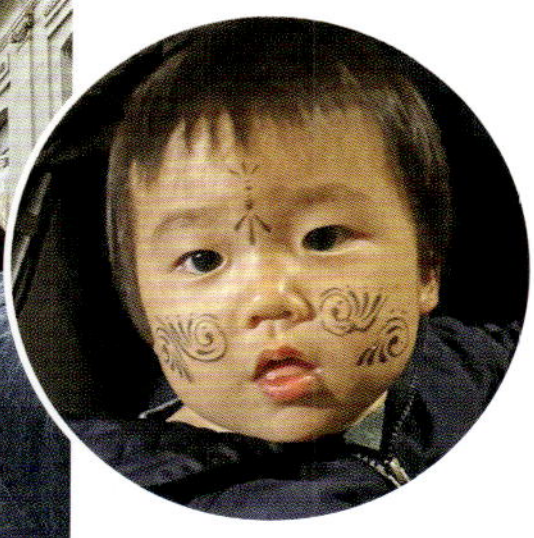

右）末っ子は水で消えるタトゥーシールを貼った。これもかわいい
左）ガイコツメイクは画像を見せてやってもらうのがおすすめ。お任せにするとおとんのようになる（笑）

現地の人も観光客も関係ない。出演者（が誰かもよくわからないが）と一緒に大騒ぎしながら練り歩く。普通に歩く人、仮装してる人、カバンを持ちながら踊ってしっかりまわりを煽っていく人もいる。衝撃のパレード（笑）。おもしろすぎる。

それまでテレビなどで世界のお祭りを見ても、「こんなんあるねんなー」と流し見していたが、世界のお祭りに参加する人の気持ちがわかった。

これはハマる！

現場の盛りあがりと生の熱気はその場にいないとわからない。

子どもたちも「ちょっと怖かったけど楽しかった！」とガイコツメイクが剥がれた顔で笑っていた。

死者の日に生死観について考える

オアハカで死者の日を楽しむ尽くしたが、私には心残りがあった。それはお墓を見ていないということ。『リメンバー・ミー』の映画の中でも印象的なシーンのひとつ、無数のキャンドルが灯されたお墓。10月30日も、11月1日もお墓に向かってみたけれど、なぜか真っ暗でその光景を見ることができなかったのだ。

オアハカ4日目の11月2日、ホホコトランという有名な墓地に行ってみることに

おとん

日本人のじゅんこさんがやってる「さくら食堂」毎日通ったよな

おかん

オアハカに実家できた気分やった…メキシコのお母さんに会いにまた帰らな！

おとん

そんなじゅんこさんがおいしいタコスの屋台を教えてくれたおかげで、私、屋台デビューしました！

おかん

おめでとうございます！　めっちゃおいしいタコスやったな

した。お墓のお祭りは死者を迎え入れる31日の深夜がいちばん盛大。ネットで調べても、2日に行くともう真っ暗だという情報が多かった。「ダメ元でいいや」とホテルでタクシーを手配してもらい墓地へ向かう。すると、そこにはマリーゴールドで飾りつけられたお墓が!!

メキシコのお墓は明るく、華やかだ。そして、お墓のまわりでは音楽をかけながらお酒を飲んだり踊ったりと楽しそうに過ごしている家族がたくさんいた。ある家族の輪の中にはメキシコシティからオアハカへ向かうバスで出会った日本人もいた。私たちも「おいでおいで」と声をかけてもらい、その輪の中に入れてもらう。おとんはメスカル（オアハカのお酒。リュウゼツランを主原料とするお酒）を、子どもたちと私はジュースを振る舞ってもらい「サルー！」と乾杯する。

とにかくハッピーな雰囲気に満ちていた。

上）オアハカ滞在中毎日通った「さくら食堂」という日本食を提供しているお店。じゅんこさんという女性があたたかく迎えてくれた
中）オアハカの朝ごはんはパンとチョコラテが定番らしい。毎日同じお店に通った
下）マリーゴールドとキャンドルで飾られたお墓

このお墓でのこの経験は、生死観について考える貴重な経験となった。

メキシコの人たちはとても明るく死者を迎え入れていた。大切な人が死ぬことほど悲しいことはない。これは世界共通だろう。でも私は、自分が死んだらこんなふうに明るく受け入れて欲しいと思った。子どもたちにも**「かかが死んだらマリーゴールド飾って、こんな風にお祭りみたいにしてな！」**と伝えた。

旅を続けるか、一度帰国するか

アオハカに5日間滞在して、メキシコシティに移動した。

移動してすぐに昼寝から起きた末っ子が泣き止まず、けいれんのような発作がでた。私はそのとき娘とメキシコシティで行われた死者の日パレードを観に行っていて、実際にはその様子を見ていないのだけれど、末っ子のけいれんを目の当たりにしたおとんは、その不安から、このあとの旅に対してネガティブになっていた。

その日、子どもたちを寝かしつけたあと、夫婦で話し合いが行われた。おとんは「1回帰国して検査してもいいんやないか？」と言う。正直私も4か月の旅で疲れが溜まっていたので、一回帰国してルートを組み直すというのはアリだとは思った。ただ、末っ子の発作を実際に見たおとんと見てない私とで、その深刻さに明らかな乖

私たちがやるべきことは
ただ「生きる」それだけ。
やってみるも正解。
やってみないも正解。
自分で死を選ぶ以外は
何を選んでも正解だ！

離があった。帰る方向で話を進めるおとんに、正直「え？　ほんまに帰るの？」という思いのほうが大きかった。

そんなふたりが話をしてもまとまる訳がなく、言った言わないの攻防戦、売り言葉に買い言葉（いつものこと）で、最終的にはおとんが「明日全員の帰国のチケットを手配する！　それをしないなら末っ子とふたりで帰る！」とブチギレ。私も私でカッとなり「そんなに言うんやったらふたりで帰りいや！」と言ってしまった。

実はおとんが「帰りたい」となったのにはもうひとつ理由があった。

オアハカで私は息子と手をつないでいたのだが、息子がなにかがきっかけで機嫌を損ね、私の手を振り払ってスタスタと歩いて行ってしまった。そのときに現地のおばあちゃんから「危ないから子どもから目を離さないように」とジェスチャーで注意されたのだ。

それを見ていたおとんの危険シグナルが、黄色から赤色に変わった。

「こんな危機管理が甘い状態で中南米に行くなんて危険しかない。無謀すぎる。おかんの意識が変わらない限り、旅を続けるべきやない」

その一件と末っ子の件が重なっておとんの意識は「帰りたい」に向きはじめた。

夫婦の話し合いが行われた数日後、今度は子どもたちも含めて話し合いの場を設けた。息子と娘は**「このまま旅を続けたい」**と言ったので、末っ子のことには気

おとん

なんとメキシコシティで演奏会に招待してもらって！

おかん

ホテルのラウンジで末っ子をめっちゃかわいがってくれた方が楽団のプロデューサーと指揮者の方でな…

おとん

「僕たちの演奏会おいでよ」って招待してもらってんな～

おかん

子ども向けの演奏会で楽しかったな～。出会いに感謝！

をかけながら旅を続ける方向で一旦まとまったのだが、おとんはまったく納得がいってない様子で、そのあとも終始イライラしていた。

おとんは私に「旅を続けて大丈夫という確信がないと続けられない」と言い続けた。私が「末っ子は大丈夫」と言うのも、まったく根拠がないというのもわかる。ならば……。

よし、脳波をとってもらいに病院に行こう！

そう決めたらすぐに行動に移した。まずはクレジットカードの24時間対応の日本語サポートに電話して、メキシコシティ内の小児科で日本語対応できる病院を聞く。日本人医師を紹介してもらえ、その先生と直接メッセージでやりとりができた。しかし、勤務先が変わって診られないと言う。先生は「エスパニョール病院なら脳波をとってくれるはず」とアドバイスをくれた。

上）メキシコシティから1時間ほどで行けるテオティワカンという遺跡群へ。有名なのはふたつのピラミッド
下）メキシコシティで演奏会に招待してもらう。子どもたちは3人とも初めての演奏会。最高の演奏会デビューとなった

私は末っ子を連れ、メキシコシティの大きな総合病院エスパニョール病院に向かった。スムーズに診療をしてくれたが「小児科で脳波はとれない」と言われる。

そんな……。

そこで翻訳アプリを使って、日本人医師と話してここに来たこと、その先生にこの病院なら脳波をとってくれると言われたことを伝えた。それを理解した病院側は、なんとその日本人医師に直接連絡をとってくれた。そして、翌日脳神経科で脳波測定をしてくれることになったのだ（みんな親身になってくれて感謝しかなかった）。

翌日、脳波測定の結果は、特に異常なし。

ひと安心したのでおとんにメッセージすると、おとんから衝撃の一文が。

「こちらは娘が転んで頭から出血です」

うそやろ！　一難去って、また一難……。

結局、病院で合流し、娘は3針縫うことになった。

メキシコで対応してくれた先生は、日本語がほとんど話せなかったけれど、翻訳アプリを使って状況を一生懸命伝えてくれ、他の先生とも調整してくれた。今回の件でかかわったメキシコのみなさんが優しくて、全力で私たちを助けてくれたことに大感動だった。

そして、脳波測定を頑張った末っ子、縫合を頑張った娘、空腹の中待ち続けてく

右）親身になって私たちの相談にのってくれたエスパニョール病院の先生と
左）息子が脳波測定をして、娘が頭を３針縫って……大変だった１日。病院の帰りに撮った記念写真

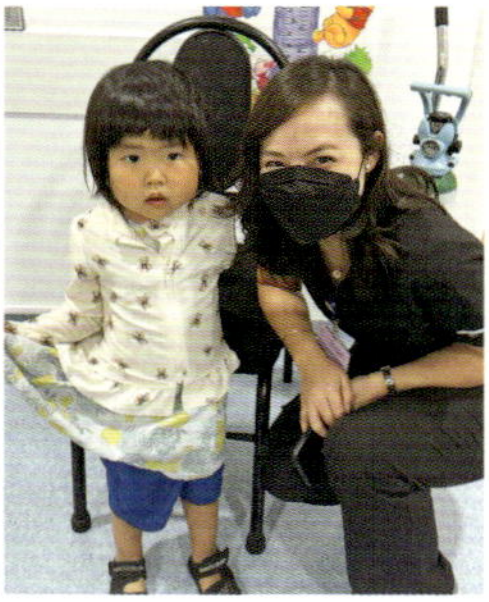

れた息子、息子と流血する娘を連れて病院まできたおとん、2日連続病院に通った私、みんなが頑張った！　病院からの帰りのタクシーを待つ間、思わず記念写真を撮る。

みんな、ええ顔してるわ！　お疲れ!!

ホテルの部屋に戻ったのは21時を過ぎていた。いろいろありすぎた数日だったが、こうして家族全員が生きていることがどれだけしあわせなことなのかを痛感した。**家族が全員生きていること以上に尊いことはないのだから**。死者の日からはじまり、「生きること」を考えたメキシコの旅だった。

旅後記

子連れおすすめ度

★★★☆☆

親切な人が多いけれど危機感は常に持つこと

メキシコは治安が悪いと言われるけれど、場所によると感じた。私たちが行ったオアハカとメキシコシティは、死者の日ということもあり観光客も多く、みんなとても親切だった。
確かにスリや誘拐もあると聞くので、行くときには十分に注意が必要。ショッピングモールは日本と同じで遊び場も充実していて、子連れに優しかった。

おかん

みんな無事でよかったよな。ところで娘、なんで怪我したん？

おとん

ちょっと目を離したときに、娘が大号泣して「いだかったー！」って。見たら手が血まみれやねん

おかん

びっくりやな

おとん

どうやら転んでドアの金具に頭をぶつけたんみたいで…

おかん

ほな病院集合！ってなんでやねん。メキシコやで(笑)

久しぶりの日本人との ふれあいに心が軽くなる 旅の存続をかけた グアテマラ20日間

日本人宿は居心地サイコー

おかん海外でワンオペ生活

おとん心を病む!?

旅は続けられるのか？

結局、公園最強説

グアテマラの旅、行ってみよう！

メキシコでいろんなことがありすぎて、私は正直、**このまま旅を続けていいのかわからなくなっていた。**日本をでてから4か月、もうすぐ130日になろうとしている。24時間家族でずっと一緒にいること＋旅の疲れで、みんなの気持ちがちょっとずつズレはじめていると感じていた。グアテマラでは日本人宿に宿泊する予定。ここではただゆっくり過ごして、これからの旅の方向性が決まればいいなと思っていた。

日本語が飛び交う安心感

首都グアテマラシティの空港から、タクシーでアンティグアという街へ向かう。宿泊先はペンション田代という、旅人には超有名な日本人宿。宿泊者も9割日本人だ。この遠く離れた異国の地で日本語が飛び交う安心感ときたら！

屋上に共有キッチンと共有スペースがあり、それぞれが料理をしたり、洗濯物を干したり、勉強をしたりして時間を過ごしている。ここには本当にいろんな人がいた。絵を描きながら旅している人、6年で100以上の国を巡っている人、夫婦で世界一周をしている人、ひとり旅の女性、大学生など。みんなの話を聞いていると**人の数だけ旅にでた理由があって旅のストーリーがある**んだと、改めて知ることができた。

彼らと話していると、目の前にある〝こうあるべき〟はただ自分が決めているだけで、本当はそれに縛られる必要なんてないと気づかされる。**人生も旅のようなものだ**。人の数だけいろんな生き方があっていい。

母なんだから、と自分の首をしめなくていい。母である前にひとりの人間。子どものための人生ではない。自分の人生なのだから、自分らしく生きていい。

おとんの心が限界に

ここにきて疲れが溜まり、明らかにイライラが増えていたおとん。ペンション田代の宿泊者の人から「アティトラン湖に行ってゆっくりしてみては？」と提案され、私たちも何か打開策を見つけたいと、数日アンティグアの街を離れることにした。

乗合いのハイエースバンで3時間の旅。この道のりが結構過酷だった。洪水で水浸しになっている道や、舗装されていない山道。終始ガタンゴトンと跳ねながら進む。息子が酔って嘔吐してしまうほどだった。

もうすぐ到着だというとき、急にドライバーが車を停めてタイヤを確認しはじめた。車好きのおとんが気になって様子を見に行ったのだが、そこで衝撃ひと言。

実はこの期間、悩みすぎた私は、インスタで弱音を吐いたり、ライブで話を聞いてもらったりしたんだよね

お互い悩んでてしんどかったな

そしたらみんなからめっちゃあったかい声をもらって、泣いた

私のインスタにもいろんなメッセージが届いて感動したな

今の私たちがいるのは、本当にインスタでつながっているみんなのおかげやな。ありがとう

「タイヤにボルトが1本しかついてへん」

6本ないといけないボルトが1本しかないという。

いやいやいや！　怖すぎるやろ！　あと10分で着くで！　知らぬが仏とはこのことだ（笑）。私は笑って済ませたけど、中南米に対して警戒心MAXのおとんは、この一件でさらに精神的な疲れが溜まってしまったようだった。

私たちはしばらくアティトラン湖のほとりにあるパナハッチェルという街に滞在した。パナハッチェルに着いた日の夜、おとんから相談があると言われ、話を聞いてみると**「精神的に限界だ」**と言う。何をしても楽しくない。イライラしてしまう。子どもに怒ってしまう。自分は毎日洗濯をすること以外いいとこなしなんじゃないか。

おとんはそう言った。

確かに、メキシコあたりから、おとんの眉間には常にシワが寄るようになっていた。

怒りの沸点もいつもより低く、子どもにすごい剣幕で怒ることも増えた。私との口論も増えた。だから子どもたちや私は、行動の基

右）ペンション田代では、夜な夜な旅人と話すのが楽しかった。久しぶりに家族以外の人たちと日本語が話せるしあわせ
中）乗り合いのバン。6つの穴すべてについていないといけないボルトが１本しかついてない！　一歩間違えると大事故やで……（怖）
左）世界一美しい湖といわれるアティトラン湖。用意した水着を忘れてしまい、服のままドボン！

準が「これやったら、お父さん怒るかな？」になってしまっていたのは事実だ。

ただ、おとんはそれを自分なりに変えようともしていた。メキシコからアンガーマネジメントの本を読みはじめたのだ。1冊の本を一度読んだくらいでガラリと変わることはないけれど、子どもたちに向き合おうという姿勢は見せてくれていた。

それは私にとってとても嬉しいことだった。

私はおとんに「旅はそこまでしてやることではない」と伝え、おとんが本当に限界になる前に帰ろうと心に決めた。

パナハッチェルでは、特に何をするわけではなく、宿の周辺でただただゆっくり3日間過ごした。そしてアンティグアに戻ってさらに1週間のんびり過ごす。

アンティグアに戻ってから、**おとんは新たな挑戦をすることにした**。6日間スペイン語学校に通うことにしたのだ。アンティグアでは、1時間約700円という超格安でスペイン語が学べる。しかも、マンツーマンで。南米はとにかく英語が通じないから、少しスペイン語が話せたほうがいい。

それにおとんには家族と離れる時間も必要だと思ったのだ。毎日午前中の4時間、学校に通うことになった。その間私はワンオペで子どもたちをみる。

これがいい方向に動いた。

おとん

いやだから限界やって言うてるやん！(笑)

おかん

おとんはまだ大丈夫だと判断しました(笑)！

おとん

まぁ、確かにここで帰らんでよかったとは思ってるけどな

自分が変われば、
行く場所が変わり、
出会う人が変わる。
出会う人が変わると
人生が変わる。

おとんはひとりの時間を作ることで少しはリフレッシュできたようだった。毎日先生にひと笑いとることを目標にして、楽しそうに学校に通っていた。日本語が通じる宿という点も安心できるポイントだったのかもしれない。

こうして私たちはこのあとも旅を続けることができるようになった。

ちなみにおとんの語学力はというと、6日間でスペイン語独特の発音をマスター！　言葉の意味はわからないけれど、読むことができるようになった。効果がすごい！

海外でのワンオペ体験

おとんが語学学校に通っている時間帯、ワンオペ育児をすることになった私。朝食後はこの旅で日課となっている1時間の動画タイム。問題はそのあとだ。何をしようか。

初日は、日本人のヒロさんという人がオーナーのカフェを訪れた。ヒロさんが作ってくれた日本食が心身に染み渡る。さらに、ヒロさんは、米が炊けるまでの間、子どもたちに抹茶を点ててくれた。生まれて初めての抹茶をグアテマラで口にする。息子は「おいしい」、娘は「ちょっと苦い」。息子と娘のように海外の人たちもこの

語学学校はどうやったん？

ミリアン先生っていう先生から「明日休みだけど何するの？」って聞かれて「妻はカフェでひとりコーヒーをのむ。その間、私は子どもたちと公園で遊ばなければいけない」って答えたら大爆笑やった。

いい先生やな。それスペイン語でやりとりするん？

右上)おかん、息子、娘、この旅ではじめての散髪(おとんは2回目)。クチコミを見てよさそうなところへ
左上)街の公園の道具はおしゃれでカラフル。ほぼ毎日通っても子どもたちはまったく飽きていなかった。ひとりで3人見るのが限界があるので、現地の子の手も借りた
右下)ショッピングモールの遊び場。トイレもきれいでおむつ替えスペースも完備
左下)動物や人の顔を模したお面。グアテマラは民族衣装のお土産もカラフルでかわいい

おとん

私はカタコトやけど。そのあと「あなたが学校にいる間ひとりで子どももみてくれてるんだからしょうがないわよ」って

おかん

ほんまやで。めっちゃいい人やん(笑)

お店で初めて日本の文化に触れるんだろうな。

ワンオペ育児2日目。私は子どもたちとヒロさんから教えてもらった公園に行くことにした。ペンションから距離にすると720メートル。近いけれど、デコボコの石畳の道を末っ子を乗せたベビーカーを押しながら、ふたりの子どもを連れて行くには、遠く感じる。

「お腹すいたぁ〜、もう歩かへん！」

息子が駄々をこねるので、目に入ったカフェに入りひとり分のサンドイッチを頼む。カフェに入ったら入ったで、私の膝の上に乗りたい娘と、おっぱいくれ攻撃の末っ子。広いソファ席に案内してもらったのに、なぜか私はもみくちゃ（笑）。そんな私を見てか、サンドイッチをひとり分しか頼まないのを不憫に思ってか、お店の人がオレオをくれた。そしてはじまったのがオレオ争奪戦。気づけば1歳3か月の末っ子がオレオをむしゃむしゃ食べていた。息子は5歳までチョコを食べさせなかったのにな……。**3人のワンオペ育児の限界**。こうしてグズグズになっていくのか。

公園に到着すると、ブランコやアスレチック遊具があって子どもたちは大喜び。そして3人が散り散りになりそれぞれで「かかー！」と呼ぶ。

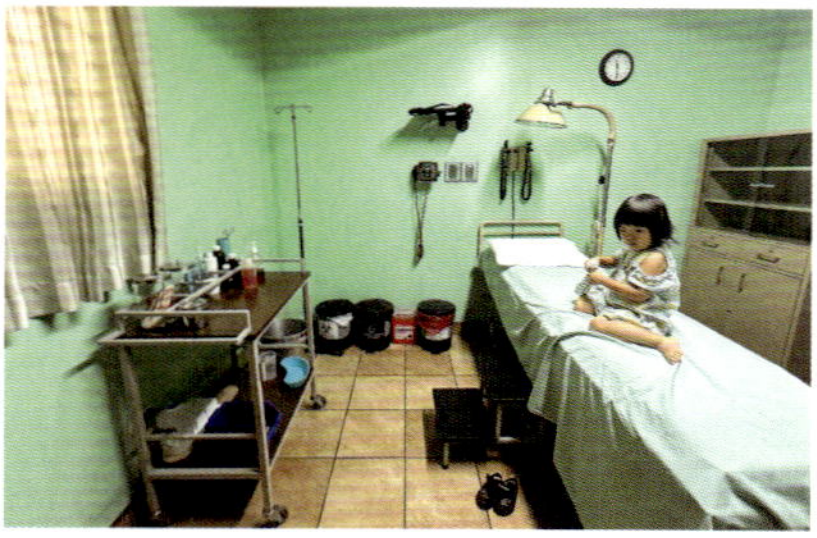

娘、メキシコで縫ったところを抜糸

いやちょっとまて、手も目も足も足りん！

すると、アジア人が珍しいのか、現地の子どもたちが次から次へと子どもたちに寄ってきて遊んでくれた。末っ子に至っては取り合い状態に（笑）。みんな子どもたちの手をつないで歩いてくれて、一緒にブランコに乗ってくれたり、滑り台を滑ってくれたり。末っ子は現地の女の子がずっと面倒を見てくれて本当に助かった。

言葉は通じないけれど、一緒になって遊ぶことができる。それは子どものすごいところだ。そして、そんな子どもたちのそばで、親はみんな遠い目をしていた（笑）。

子育てはしんどい。それは世界共通。毎日公園、お疲れさま！

おかん

それにしてもほんまに英語が通じんかったな

おとん

right、leftも「？」って顔されたもんな

おかん

英語が話せなくて海外行けないって心配は無用だと実感した

旅後記

子連れおすすめ度

★★★☆☆

日本人がのんびり長期滞在しやすい街もある。一方で治安注意の街も

グアテマラのアンティグアという街は、旅人が長期滞在する街として有名。ペンション田代を含め、居心地がいい。決して近代的ではないが、最近できたショッピングモールにはおもちゃ屋さんもあるし、遊具もある。街の公園も子どもたちが一緒になって遊んでくれて、中南米の中では子連れでも過ごしやすいと感じた。

ただ、グアテマラシティのように治安に注意したほうがいい街もある。

自然の中に人間がちょっとだけおじゃまするこの旅でいちばん好きになった街プエルトアヨラ

驚異の大自然！ガラパゴス諸島

船酔いでグロッキー

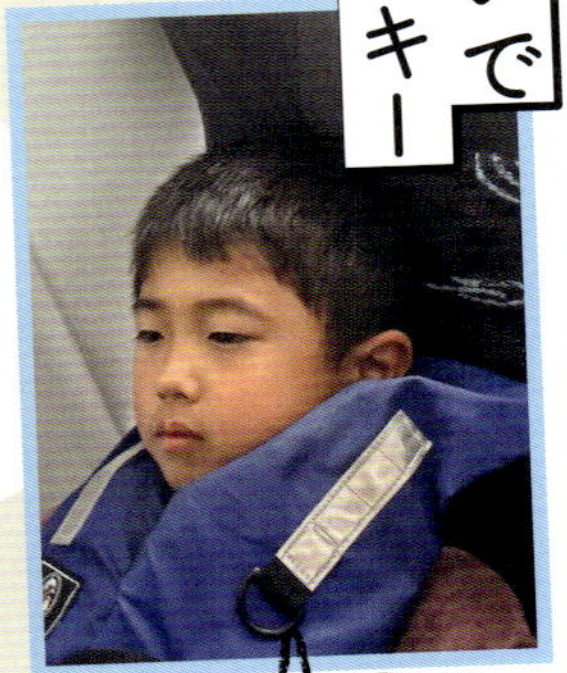

感動！刺身三昧!!

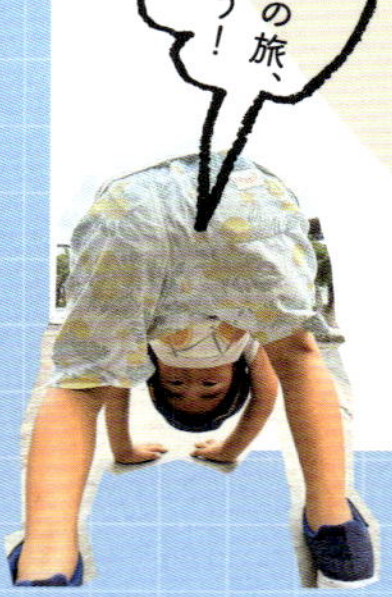

次に向かったのはエクアドル・ガラパゴス諸島。ガラパゴス諸島といえば動物たちの楽園。飛行機から降りるなりさっそくイグアナがお出迎えしてくれた。しかし、私たちの頭の中は「寿司！ 寿司！」「刺身！ 刺身！」だった。

グアテマラで私たちは「ガラパゴスで新鮮な生魚が手に入る」という情報を入手していた。これまでも寿司と見れば食べてきたが、どれも「コレジャナイ感」。日本人が握る本格的な寿司は海外では高級すぎて手がだせない。日本から離れて5か月、まさかこんな禁断症状がでるとは。島に着いて向かうは、いざ魚市場！

新鮮な刺身が五臓六腑に染み渡る

私たちが滞在の拠点とするのはプエルトアヨラという街。プエルトアヨラには魚市場があって、新鮮な魚や伊勢海老が手に入るというのだ。島について真っ先に市場に向かったけれど、誰もいない。しばらく待っていると、偶然グアテマラの宿、ペンション田代で一緒の時間を過ごした旅人に会った。話を聞くとこの日はもう購入できないらしい。翌日リベンジしてみるも、日曜日でお休み。

そしてその翌日、三度目の正直で訪れると、新鮮な魚がならんでいるではないか。

食べられるぞ！ 刺身が！

魚市場といっても、広場に東屋のような屋根だけの建物に作業台があるだけ。豪快に積みあげられた魚の山は迫力がある

びっくりするほど大きい伊勢海老がなんと8ドル（約1200円）で売られている。めちゃくちゃおいしそう……。でも本当に生で食べられるんかな。この市場には私たちのほか何組かの日本人グループがいたので、急遽、日本人会議を開いた。これはどう見ても新鮮。この国では生で食べる発想がないから生で食べられるか聞いても「NO」と言われるかもしれないけれど、これは日本人的には「GOだ！」という結果に至った。もちろん自己責任で購入。

スーパーで3ドル（約400円）の調理ばさみを購入し、キッチンのないホテルのちいさなテーブルでラップを敷いてさばく（日本人の意地）。さらに、どうしても米が炊きたくて、ホテル内のキッチンつきの部屋から電子レンジまで貸してもらった（電子レンジで米が炊ける「ちびくろちゃん」を使用）。

念願のお刺身！　しかも伊勢海老！

口に入れたときの幸福感といったら……。この日のためにグアテマラでしょうゆをゲットしておいてよかった。おとんも息子も娘も、みんな箸が止まらない。**やっぱり日本人は刺身やで。**皿をまわして「回転寿司や！」と喜ぶ私たち。

それ以降もプエルトアヨラにいる間は、カジキやマグロの刺身を格安で手に入れ、毎日のように刺身を食べていた。ここで食べた刺身が今までの人生の中でいちばんおいしかった……いや、それはうそやけど、**いちばん感動した刺身であることは**

おとん
この島のビーチでもおかんは末っ子に授乳してたな

おかん
世界中のありとあらゆるところで授乳をしてきた！

おとん
こんなに世界中で授乳したおかん、世界にもそうそうおらんのちゃう？

おかん
末っ子の食事は心配やったけど、「授乳してるし」という安心感は大きかったな

右上) ガラパゴスはいろんなものが高いのに、ソフトクリームだけは1ドル(約150円)で食べられる！　暑過ぎて冗談抜きで毎日通う

右下) 真っ赤な喉袋を膨らませるグンカンドリ。ガラパゴス諸島のノースセイモア島が主要な繁殖地のひとつ

左上) 島の至るところにいる野生のアシカ。アシカの授乳タイムが、私と末っ子のそれにそっくりで笑ってしまう

左下) 毎日通った公園。イグアナやカニが見放題で、シーソーに乗りながら島の魚や鳥が観察できる

寝たいときに寝て
泳ぎたいときに泳いで、
おっぱいを飲みたいときに飲む。
自由気ままに生きるアシカに
たくさんのことを教えてもらった。

間違いない。ありのままの自然は強烈な刺激

ガラパゴス諸島にはたくさんの島がある。人が住んでいる島もあれば無人島もある。私が特に「行きたい！」と思っていたのが、ノースセイモアという島。「鳥の楽園」と呼ばれていて、ここでしか見られない鳥が生息する。この島には自然保護のため、ナチュラルガイド同伴のツアーでしか行くことができない。ホテルで料金を聞いてみると、ひとり240ドル（約3万6000円）。末っ子は無料だが、6歳の息子は、大人と同額で、4歳の娘は200ドル（約3万円）。合計13万円超え！

日帰りツアーでこの値段を支払うのには戸惑ったが、ここにはもう一生来られないかもしれない。

私はこういうとき**〝棺桶に入った自分〟を想像する**。すると「あ〜あのとき13万円ケチらずに、やっぱりあのツアー行っといたらよかったな〜」と思う自分がいた。

よし、行こう！

翌日、朝7時前にホテルを出発。ホテルの人が朝食にとサンドイッチを作ってく

アオアシカツオドリ

れて、それを食べながら港に向かう。港からは船に乗り約1時間。やっと島に着いたときの私の感想は……暑っ！

ガラパゴス諸島は赤道直下の島なので暑いのだが、ノースセイモア島は先ほどいたプエルトアヨラよりも暑く感じた。日差しが痛い。

ツアーではこの島をぐるっと一周トレッキングする。しかし、その暑さから開始2分で不機嫌になったのは娘だった。なだめながらしばらく一緒に歩いていると、日本では見たこともない鳥や野生のイグアナに遭遇する。子どもたちもだんだん興味が湧いてきて楽しそうにしていた。娘も興味津々になっている。

足が水色のアオアシカツオドリと、繁殖期になると真っ赤な喉袋を膨らませるグンカンドリ。その姿を生で見られて私は、子どもたちより興奮してしまった。

水族館や動物園じゃない、自然に生きる生の動物の姿。それを子どもたちに見せることができて嬉しい。これは親のエゴかもしれないけど、こうしてたくさんの経験をして、自分の目で本物を見るという経験を積んでいってもらえたらなと思う。

半年で人は変われる、成長できる

ノースセイモア島のほかにもうひとつ行きたい島があった。ガラパゴス諸島でい

右）イザベラ島へ！　海に行く桟橋にアシカが寝そべっていて通れない！　ベビーカーを持ちあげて、アシカのジャマにならないように通る
左）見よ、このガラパゴスゾウガメの大きさ！

ちばん大きな島、イザベラ島。

海の透明度がめちゃくちゃ高い！

島に到着してすぐまずその海の美しさに感動した。この美しい海でシュノーケリングをする。なんて贅沢なんだ。

海に入ると**私たちのすぐそばをアシカたちが泳いでいく**。とんでもなく大きなウミガメも。向こうには10匹以上のエイの群れ。

大喜びしたのは息子だった。息子はエジプトの紅海ではシュノーケリングを頑なに拒んだ。出国前には海に顔をつけることもできなかったのだ。その息子がイザベラ島ではゴーグルをつけて海に潜り、自分の目で動物たちを見ている。娘も海の中は覗けなかったが、アシカとイグアナと一緒の海で泳げたのが楽しかったそうだ。この体験はイギリスでの化石発掘に並び、子どもたちの旅で楽しかったランキング1位となった。

2週間過ごしたガラパゴス諸島を離れるときは寂しかったが、空港で向かうときにふと、息子と娘と末っ子が3人で手をつないで横並びで歩いていることに気づいた。日本を出発したときには歩けなかった末っ子。娘は文句も言うが、自分の荷物は自分で背負えるようになっているし、息子は末っ子の歩幅に合わせてゆっくりと

イザベラ島に行く船はヤバかったな

お尻を突きあげられる感じで、揺れまくってて。2時間ずっと気持ち悪かった

酔い止め飲んだのにな。娘は3回も吐くし

おとんがずっと娘の介抱してくれてんなあ。息子は心を無になって耐えてたな

それでも来てよかったって思える貴重な体験ができたな

歩いている。

3人の背中がとてもたくましかった。

それにおとんも変わった。ガラパゴス諸島から移動して空港のあるグアヤキルで1泊したとき。おとんは宿泊先のホテルで「このホテルめっちゃいい！」と感動していた。1泊5000円ほどの何の変哲もない宿だったのだがえらく気に入っている。その理由は「調湿機能に優れてる！　洗濯物めっちゃ乾く！」(笑)。

さすが我が家の洗濯担当大臣。

おとんはこの旅の間、ずっと洗濯物を担当してくれていた。2か国目のトルコでは少し床が汚れているだけで、タオルがほつれているだけで不満をこぼしていたのに、ホテルの判断基準が、「調湿機能の良し悪し」になっている。家族のために手洗いで洗濯を頑張ってくれていた証拠。半年で人って変わるんやなぁ。

旅後記

子連れおすすめ度

★★★★★

ガラパゴス諸島は治安がよく安心して過ごすことができる

ガラパゴス諸島は、「海が美しい」「珍しい動物に会える」という点はもちろんだけれど、入島税がかなり高いからか、とにかく治安がいい。現地の人も子連れに優しい。飲食店が並ぶ通りでは、ひとり5ドル程度でごはんが食べられるのも嬉しいところ。
公園もある。街を歩いているだけでアシカやイグアナに遭遇できるまさに自然の動物園。暑くて肌がヒリヒリと焼けるから紫外線対策とサングラスは必須。

おとん
ひとつ物申していい？

おかん
もしかしておむつのこと？

おとん
そうや。ガラパゴスには私が欲していたパンツタイプのおむつが売っててん！だから買ってきてって言うたやん

おかん
いや、私もホテルに帰るまではパンツタイプを買ったと思ってて

おとん
なんで4500円もだしてテープタイプを買ってんねん！

おかん
ごめんて…（おとんのパンツタイプへのこだわりはなんなん？）

一緒に寝たい、
手をつなぎたい、
そんなふうに
言ってもらえるのは
あと何年だろう。
全力で求められている今を
大事にしたい。

何が大変だった？？

子連れ旅なんでもMEMO

子連れ宿の探し方

宿探しはグーグルマップで探し、よさそうな宿があれば宿予約サイトで予約した。コツとしてはまず大人２名で検索をかけ、中から気になる宿の部屋を調べる。ベッド数や広さから家族全員が泊まれそうなら予約し、メッセージで「子どもが３人いるけど大丈夫か」と確認。追加料金がとられることもあるが、最初から子どもを人数に入れて検索するとヒット数が激減するのでこうした。また、連泊希望の場合もまずは１泊で予約。よければ直接ホテルで追加の予約。変えたければ翌日から宿を変えられる。

海外でベビー用品 ベビーフード事情

ベビー用品売り場は世界共通だから安心していいと思う。どの国もショッピングセンターのベビー用品売り場はもう、アカチャンホンポ！　ただ海外のベビーフードはビン入りのペースト。日本のような、おかゆや野菜ゴロゴロみたいなものはない。スプーンもついていない。

おむつはどこにでも売っているがテープが主流。パンツタイプだと、家の中でも土足で生活している国は靴も脱がせなくてはいけないので、テープのほうが変えやすいのだそう。

ケガ、発熱… これがあって安心！

アメリカン・エキスプレスのオーバーシーズ・アシストには本当に助けられた。これは海外で何かあったときに24時間日本語で対応してくれるというサポート。医療機関の紹介もしてくれるので、私は、病院を探すときにとても助けられた。

ほかにも探せばサポートサービスはいろいろある。いつでも日本語で相談できるところがあるのとないのとでは安心感が違う。

海外のトイレ事情

私たちが行った国はびっくりするほど汚いトイレがなかった。観光地のレストランは洋式の水洗がほとんど（たまに自分で水を流すタイプも）。ショッピングモールもきれい。サハラ砂漠のテントでさえきれいだった。

　街中でトイレに行きたくなったときは、近くのレストランやお店に飛び込んで借りていた。「子どもが！」と言うと、ほとんどのレストランがトイレを貸してくれた。

子どもの栄養が心配!?

いちばん「どうしよう」と思ったのはトルコ。日本から持っていった食料もなくなったころで、宿に朝食がついていなかった。そのころはパンとハムとチーズとトマトを買ってきて、自分たちでサンドイッチを作って食べていた。あとはバナナとヨーグルトをよく食べた。トルコ後半から末っ子(1歳0か月)はベビーフードをやめて、息子や娘と同じものを食べていた。
トルコ以降は宿に朝ごはんがついていてそれを食べたり、自炊することが多かったので、そこまで困ることはなかった。あとは、世界中の中国料理店とマクドナルドには本当にお世話になった!

海外での1日の過ごし方

朝7時に起きて朝ごはん→1時間のタブレットタイム→準備→10時ごろに外出→外出先でお昼ごはん→娘と末っ子は適宜お昼寝→17時ごろに宿泊先に戻る→18時ごろに夕ごはん→風呂や家族だんらん時間→20時から寝かしつけ→21時就寝。

移動がない日はこんな感じで、ほとんど日本と変わらない生活リズムで過ごしていた。移動がある日はフライト時間に合わせて行動。

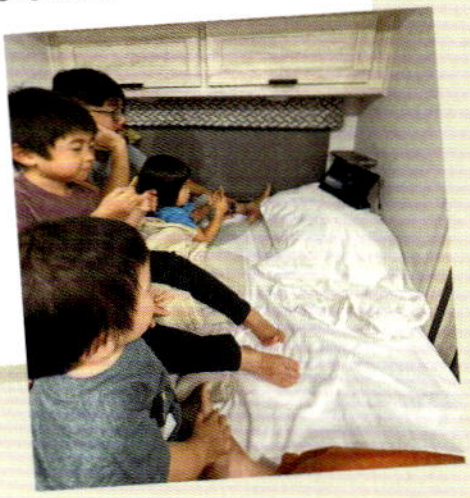

子どもたちの語学事情

意図せずとも「お名前は?」「何歳?」「どこから来たの?」は、英語とスペイン語で答えられるようになった。娘はスペイン語圏では話したい欲が高まっていたので「ペルドーン!(Excuse me)」「ラ クエンタ ポル ファボール!(お会計お願いします)」を言う担当になっていた。

子どもたちは何が楽しかった?

帰国後に息子に聞いたら、イギリスの「化石発掘」と、ガラパゴス諸島の「エイ、サメ、ウミガメ、アシカ」だと答えた。やっぱり自然とふれあうのが楽しいんだなと実感した。

娘は、すべてを覚えていないと思うけれど「ラウンジのあめちゃんがおいしかった」というのがいちばん印象に残っていることらしい(笑)。

▶▶▶ 13か国目 ペルー ／ 13th country Peru

子どもにとっての旅とは!? 旅の終わりを決断し 新たな一年に想いを馳せる 古代遺跡を巡る旅

空中都市マチュピチュ

子どもたちは早く帰りたいモード

ペルーの旅、行ってみよう!

HAPPY NEW YEAR

新しい一年の幕開け

娘、熱性けいれんで救急病院へ

乗り換えで寄ったコロンビアの空港でラウンジで人生でいちばんおいしくないパウンドケーキを食べ、ペルーへ入国。そう、目指すは古代インカ帝国のマチュピチュ遺跡。ペルーのリマ空港で動きたくないと寝そべる末っ子（1歳5か月）を見て「ああ、イヤイヤ期はじめたんだね」と苦笑いする。

大きな決断。帰国日を決める

まず向かうは標高3399メートルのクスコ。富士山の8合目と同じくらいの高さに行くのだから心配になるのはやっぱり高山病。高山病になりにくくするにはバスで少しずつ高度をあげていくのがいちばんだけど、それには22〜24時間かかる。子連れには無理。考えた末、高山病対策をして飛行機で2時間、一気にリマからクスコにあがることにした。

リマのホテルに滞在中、**私たちは大きな決断をした。帰国日を決めたのだ。**12月17日のことだった。メキシコあたりから「帰りたい」という気持ちが芽生えたおとんのことや、金銭的なことなどをいろいろ考えて決めた。次の国、ボリビアのウユニ塩湖を最終の目的地とした。

本当は3月まで旅を続け、南米大陸をボリビア〜チリ〜アルゼンチンと南下し、

右）3人が横並びに並んで歩けるように。3人それぞれがこの旅で成長した。後ろ姿がたのもしい
左）ペルーの空港で寝っ転がって動かない末っ子。子どもは日本でも海外でもやることは同じ

最南端まで行くつもりだった。ペリト・モレノ氷河も見たかったし、イグアスの滝にも行きたかった。しかし、今の私たちにできる最善のコースはボリビアで終えることだと判断した。

帰国日を1月25日に設定して、帰りのチケットを変更した。残りは1か月とちょっと。目いっぱい楽しもう。

最終ゴールを決めてから、私と息子、末っ子の3人で夕飯を食べに中国料理店へ行ったことがあった。そこで私はなんとなく息子に聞いてみた。

「日本に帰りたいと思わへんの？」

すると、息子の口から思いがけない言葉がでた。

「思わない、最後までやり切りたい」

「なんで？」とさらに聞くと、「楽しいことが待ってるから」と返ってきた。

私はとても驚いたけれど、その言葉がとても嬉しかった。

子どもたちに無理させているんじゃないかと少しも思わなかったと言えばうそになる。でも、その言葉で私はすごく救われた気がした。それに、息子にとって、この世界一周の旅をやりとげることはいつのまにか彼自身の目標になっていた。この旅を無事終わらせられたとき、息子に大きな自信が生まれるんだろうと確信できた。

そして誓った。

おかん
やっとペルーで帰る決断ができました！

おとん
なかなか「帰ろう」って言ってくれなくてイライラしたこともあったで(笑)

おかん
ガラパゴスに行けてこの旅の満足度が一気にあがったことで、私も帰ろうっていう気持ちになれた

おとん
あと1か月で完結でいいと思えたん？

おかん
そう。子どもたちとおとんにはここまで一緒に旅してくれて本当にありがとうって気持ちでいっぱい

おとんのちいさな変化

また行こう。今回の世界一周は第一弾。また、行ける人間になればいい。

クスコに移動してもすぐにマチュピチュには向かわない。数日間からだを慣らしてから向かうのだ。

しかし、クスコの空港に着くなりもう酸素が薄く感じる。ホテルに着いたはいいものの、エレベーターがなく、3階の部屋まで階段であがらないといけない。**まずは息を吐くことに集中。しっかり吐いたらしっかり吸える。**

私とおとんは、息も絶え絶えなのに、子どもたちはまったくの通常運転で元気に階段を駆けあがっている（なんで？）。

高山病らしき症状は、おとんが少し頭痛がすると言ったぐらいだった。それも半日ほど寝て治った。私も子どもたちも高山病にはかかることなく過ごし、マチュピチュ

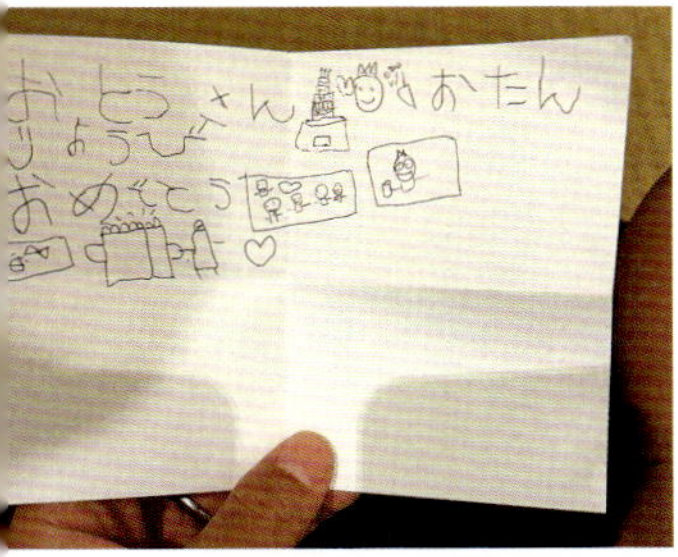

上）おとんの誕生日に息子が書いた手紙。みんなでケーキを食べてお祝いした
中）マチュピチュまでの移動手段はオリャンタイタンボ駅から観光鉄道に乗った。乗車中は景色も最高！
下）マチュピチュ村は日本人が作った村。雰囲気も日本の温泉街に似ている。温泉も入ったけど……う〜ん。早くあがろうと思った温泉ははじめて（笑）

を訪れる準備はしっかり整った。

クスコに到着して4日目、いよいよマチュピチュへ向かう。マチュピチュへの行き方はいろいろあるが、私達は観光鉄道で行くことにした。

ここで私はおとんの変化に気づく。

いつも通り子どもたちが窓際に座ろうとするとおとんが「今日はお父さんが窓側に座る！」と言いだした。そして子どもたちにその理由を伝えているのだ。超車好きのおとんは窓から外の景色を見るのが何より好きだということ。そして、今までは子どもたちが窓側を陣取るので我慢して譲っていたということ。

私は、このおとんの姿勢がめちゃくちゃ大事だと思った。いつも子どものために自分の好きなことややりたいこと我慢している親は多いと思う（確かに私もある）。でも親だからって我慢する必要はない。**「お母さん（お父さん）はこれが好き！」って言える親っていいなぁと思う。**私でさえ、おとんが窓側に座りたかったのを知らなかったのだ。自分の気持ちは言葉にして伝えないとわからない。おとんのこの行動は、とてもちいさなことだけど、とても大きなことに思えた。

子どもはどこにいても発熱する

右）「太陽の神殿」といわれるサントドミンゴ教会
左）人力車で旅するガンプ鈴木さん（写真中段左から2人目）。鳥取砂丘で初めて会ってから交流させてもらっている。偶然同じ時期にペルーにいるということで、クリスマス会に呼んでもらい歓喜！

マチュピチュ村に着いた日の夜に娘が発熱したのだが、翌朝には熱も下がって元気そうにしていた。子どもはすぐに熱をだす。日本でもそうだったので、私たちは予定通りマチュピチュ遺跡に向かうことにした。

村からバスで30分移動し、バスから降りたあとは階段を登って遺跡に向かう。この階段のキツいこと！　それをおとんが末っ子を抱っこ紐で抱え、娘を肩車してのぼった。私は自分の身ひとつだったが、息が切れぎれだ。

でもその先にあった光景を見て、疲れは吹き飛んだ。

マチュピチュ遺跡。本当にあった。５００年前から存在していたとは思えないくらい美しい石組み。あぁ、また見たい景色が見られた……。

遺跡をヨチヨチ歩く末っ子を追いかけながら、「来てよかった」と思った。

この日の夜、事件は起こった。遺跡にいるころからぐずぐずモードだった娘だが、ホテルに戻ると再び発熱。「ちょっと無理させたな。ごめんな」と思いながら、ホテルで様子を見ることにしたのだけど、どんどん熱があがってしんどそうにしている。

おとんと「解熱剤を入れるか」と相談していたところで娘の呼吸がいつもと違うことに気づいた。声をかけるが反応がない。どんどん唇が紫色になっていく。チアノーゼがでてる！

おかん

おとんは市場の食堂で当たり前のように食事できるようになりました〜！

おとん

バックパッカーもしたことなくても5か月以上旅すれば食べられるようになるんやな

おかん

クスコの市場で食べたロモサルダートがめちゃくちゃおいしくって、私的この旅ナンバー1やった！

おとん

量も多くてコスパよし！

熱性けいれん。

3人の子育てをしているが熱性けいれんは初めてだった。ただ、友人の体験談は聞いていたので、意外と冷静に対応ができた。

まずはけいれんの様子を動画に残しながら時間を測る。そして解熱剤を入れる。時間にして2分くらいだろうか。一点を見つめながら硬直していた娘だったが、いつもの呼吸に戻りはじめた。しかし、心配なのはまた起こること。私は娘をすぐに病院に連れていくことにした。

海外の病院も慣れたものだ。ホテルのオーナーに翻訳アプリを使って相談すると、オーナーは24時間やっている病院に電話をかけてくれた。そして、「説明しておいたから、今から行っても大丈夫だよ」とすべて段取りしてくれたのだ（感謝しかない）。

診断の結果、喉の風邪による発熱だろうということ。特に心配がなさそうでひと安心した。

子連れ海外のいちばんの心配は、子どもが病気になったらどうしよう、怪我したらどうしようということだと思う。私も出発前は不安だった。けれど、私たち旅初心者が行くような場所には必ず病院があったし（そういう場所を選んだ）、現地の言葉が話せなくても翻訳アプリを使えば意思疎通がとれた。

右）チチカカ湖に生息するトトラ草でできた浮島ウロス島。末っ子はトトラ草に大喜び！拾って遊んでいた
左）タキーレ島にも寄る。きつい坂を息子に背中を押してもらいながら登った先に絶景が広がっていた

娘はすぐに解熱してその後けいれんを起こすことはなかった。安心してクスコに戻ったころには、街はすっかりニューイヤーモードになっていた。

２０２３年は忘れられない年になった。日本から遠く離れたクスコの街で新年のカウントダウンをすることになろうとは。これまでの旅のことや、この旅でお世話になった人の顔を浮かべてしんみりとしたかったが、年明けと同時に街のあちこちで聞こえる爆竹の音に感傷的な気持ちになれるわけもなく、**今年もスリリングな1年になりそうだ**と、ニヤリとするのだった。

さぁ、次の国で最後。悔いの残らないように楽しもう。

旅後記

子連れおすすめ度

★★☆☆☆

マチュピチュ遺跡は感動するがちいさい子は高山病が心配

私たちは幸い高山病は軽めで済んだが（実際症状がでたのはおとんだけ）、一般的に子どもは成人より高山病になりやすいと聞くし、ハードルは高め。高所にからだを慣らすため、ゆったりめの日程を組めると安心。マチュピチュ村は日本人が作っただけあって、不思議と安心感がある。ただ、子どもたちは遺跡にまったく興味がなかった（苦笑）。末っ子が喜んだのはペルーとボリビアの境界にあるチチカカ湖の浮島ウロス島。

おとん

クスコで息子が紛失したリュックが見つかったときは奇跡やと思った！

おかん

警備隊の人に、監視カメラまで見てもらったけどなくて落ち込んでたら

おとん

立ち寄ったお店の人が預かってくれてて…

おかん

まさか南米で見つかるとは思わんかった！

遠くに行かなくていい
海外じゃなくていい
今できる旅を楽しむ。
これがさらなる旅につながり
人との出会いにつながる。

念願！ウユニ塩湖でベビーカーを押す！200日間の旅ついに完結！

おかん念願のボリパフェ!?

大きい！

ロープウェイ移動

授乳もしやすい

南米のバスはめっちゃ快適！

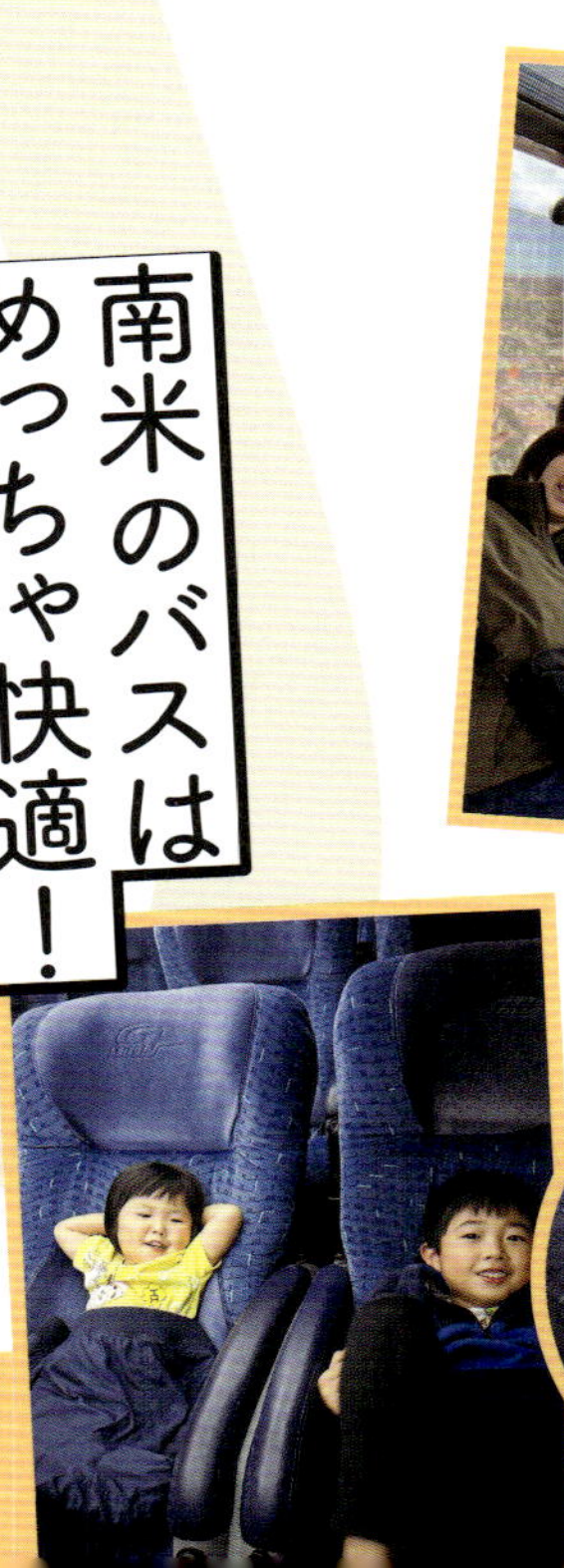

ここは天国!? ウユニ塩湖

しょっぱい

がおーーー

わーー

ボリビアの旅、行ってみよう!

旅で出会った日本人たち

幻想的なサンライズツアー

みんなに見送られて日本へ!

私たちがこの旅最後に選んだのはボリビアだった。絶景好きが一度は行ってみたい場所、ウユニ塩湖に家族5人で行く。

この旅で初めてのバスで越境。子どもたちと行く初めての海外の旅、どんなフィナーレが待っているのだろうか。私は「思いっきり楽しもう！」と心に決めてバスに乗り込んだ。

巨大なパフェ「ボリパフェ」。その味は？

バスでの国境越えは予想していたよりもスムーズだった。ボリビアの首都、ラパスに入ると独特のすり鉢状の地形をした街が見えてくる。標高が低いところにはビルが立ち並び、山に向かって住宅地が広がっている。標高が低いといっても3600メートル。ほぼ富士山の山頂だ。「雲の上の街」と呼ばれるだけある。

私たちはホテルに荷物を置いて、さっそく街にくりだすことにした。

ラパスの交通手段はロープウェイ。これには子どもたちも大喜び。しかも、このロープウェイ、開通が2014年なので、めちゃくちゃきれい。私の南米のイメージが（いい意味で）崩れていく。

眼下に広がるのはラパスの街。レンガ造りの家が中心街を囲むようにずらりと

右）ロープウェイはひとり約60円。住民の交通として使われているので激安
左）ロープウエイから見える景色。アドベといわれる日干しレンガで造られた家が隙間なく並ぶ

建っていて圧巻の景色だ。聞いたところによると、すり鉢の上にいくほど貧困率が高くなるらしい。

私はラパスの街で絶対に食べたいものがあった。それは「ボリパフェ」。特大サイズのパフェが格安で食べられるらしいのだ。もちろんアイス大好きな子どもたち。「早く食べたい〜!」と楽しみにしている。

調べるとメルカドランザという市場にそのお店があるということで、向かった。だが、着いてみると閉まっているお店が多くて暗い印象の市場。私たちがウロウロとアイスのお店を探していると、ひとりのおばあちゃんが声をかけてきた。そして、ジェスチャーで「子どもたちから目を離したらダメだよ」と伝えてくれた。

きっとここは危ないところなんだろう。

「ここはやめておこう」と、おとんが言う。

私は、「え〜、せっかく来たし……」と言いかけたが、メキシコでもおとんに私の危機管理が甘すぎると怒られたのを思い出した。おとんがメキシコで帰らず、ボリビアまで旅すると決めてくれたとき、私は、**「無理はしない。危険な可能性がある場所は避ける」**ということを約束したのだった。

でも、食べたいものは食べたい（笑）。翌日、ホテルのフロントの人に聞いて、教えてもらったボリパフェの超人気店を訪れた。

ボリパフェ。大きすぎてみんなお腹いっぱい。最終的にはすべて私の胃袋へ（結果、旅中に太っていく）

「もう夕ごはん食べられへんくらい大きいの食べよう！」

私たちは大きいベリー系パフェ（約2000円）と普通サイズのチョコパフェ（約900円）のふたつを注文（そんな安くないやん）。

ドキドキして待っていると衝撃の大きさのパフェがでてきた！

「でっっっっっか!!」

思わず声がでてしまう。でも、そこはアイス大好き親子、全然問題なし！　大喜びでひと口パクリ。

「……あんまりおいしくない」

その娘の言葉に全員で頷く。めちゃくちゃ人工的な味がする。14か国旅してもハマってしまう海外あるある。しかもパフェの下半分ヨーグルトやないかい！

日本のパフェっておいしいんやな、アイスも生クリームもおいしいし、フルーツもたくさんのってるし……。この旅は、日本の食べ物のおいしさを再認識する旅でもあった。

ベビーカーでウユニ塩湖を走る

さぁ、いよいよウユニ塩湖へ。

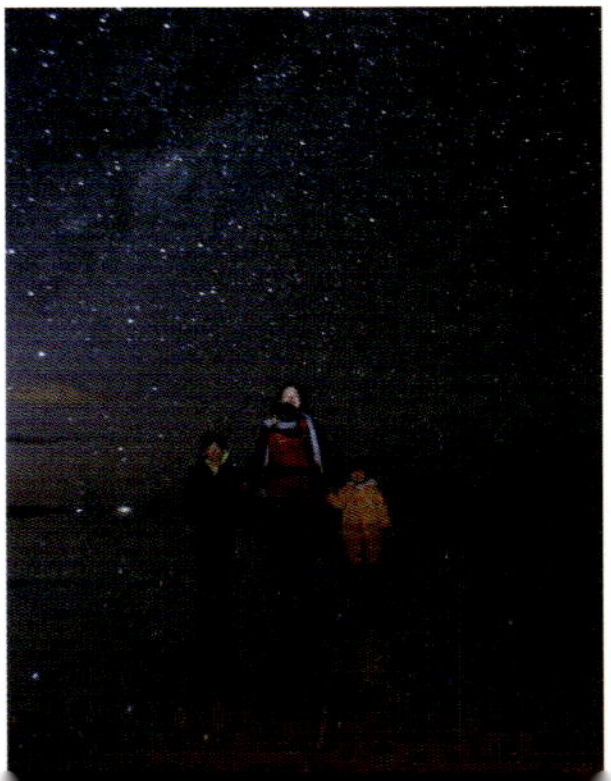

右）ベビーカーでウユニ塩湖に来られた。本当に今しかできない旅だった！
左）満点の星空が湖面にも映る。宇宙に浮かんでいるみたいな錯覚になる

ラパスからウユニの街に移動して、まず向かうはツアー会社。私たちが選んだツアー会社は日本人にいちばん人気の会社。「Hodaka Moutain Expedition」通称ホダカ。日本人が経営しているわけではないのだけど、対応がめちゃくちゃ日本人向けなのだ。スタッフさんは「カガミバリ」と日本語を使いながらツアーの説明をしてくれる。

ツアー料金は6歳の息子と大人2名分で9000円。めちゃくちゃ安く感じた。

ツアー会社の車に乗り込んで、いざ、この旅最後の目的地へ！

何もない茶色の荒野に突然現れるビクーニャという野生の動物を眺めながら移動していくと、ちいさな街を通りすぎる。そして土にだんだんと白い塩が混ざりはじめる。見えている景色がどんどん白く変わっていく。

そして、私たちの目の前に現れたのは青と白の2色しかない世界。

車を降りると**「ここは天国か？」と思うほど美しい景色が360度広がっている**。美しすぎる。「本当の鏡じゃないか」と疑うほどの美しい雲のリフレクション。

来てよかったぁ〜。

心からそう思った（この旅で何度思っただろう）。

子どもたちの目も一気に目が輝きだす。

「これ、塩なんやで」と伝えると、息子と娘はさっそくテイスティングする。「お

おとん

実は帰国した次の日に長野に雪遊びしに行ってんけど

おかん

娘の第一声が「これ塩じゃないの？」やったのが最高やったなぁ（笑）

おとん

雪見て先に塩を連想する子は日本のどこ探してもうちの子だけちゃうか？（笑）

いしい！」「すっっっぱ‼」とはしゃいでいる。雪遊びならぬ塩遊び。足で感触を確かめてみたり、塩山を作ってみたり。

戻るころには長靴の中までびっしょびしょ（ちなみに、塩なので、乾くとバリバッバリにかたまる）。

私にはウユニ塩湖で絶対やりたいことがあった。それはベビーカーJoieを走らせること。今まで何度もウユニ塩湖の写真は見てきたし、美しいリフレクション（反射）の写真も見てきたけれど、ベビーカーをウユニ塩湖で押してる写真は見たことがなかった。

息子も娘も使ってきたこのベビーカー。この旅ではどんなにデコボコガタガタの道でも、荷物をこれでもかと載せても、壊れずにずっと走り続けてくれた。私たちの大事な仲間。このJoieもまさかウユニ塩湖に連れてこられるなんて思っていなかっただろう。

ベビーカーに末っ子を乗せて塩湖を走る。空が湖面に映り込んで、まるで**空をベビーカーで駆けている気持ちになる**。あぁ、もう最高やん。

結局私たちはウユニの街に滞在中3回も塩湖を訪れた（おとんは3回目、お腹を壊して断念）。サンセット、サンライズの時間も塩湖で過ごしたし、一面に広がる

塩漬けベビーカー！
おとんが一生懸命に洗ってくれた

星空も経験した。

ちなみにサンセットのとき。確かに私は塩湖にいたのだけど、サンセットは見ていない。その日、夕方から塩湖でびしょびしょになりながら遊んでいた子どもたちは、日が傾きどんどん下がる気温に「寒い！」と言いだした。私とおとんは子どもたちを連れて車に戻り、せっせと着替えをさせていた。

着替えが終わったころには……**サン、セットしてもうてるやん**。

オーロラの悪夢再び（笑）。

子連れ旅は予定通りに行かない。そこがおもしろい。サンセット後の星空いっぱいの感動的な時間だって、子どもたちは「寒いから嫌や」と言って車から降りて来ず、車内モニターで映画『ズートピア』を観ていた（苦笑）。

別にそれでもいい。

大人はついつい「せっかく来たんだから！」とか「絶対に見たほうがいいよ！」とか言ってしまうのだけど、子どもは「やらない」って選択しているだけ。これはサハラ砂漠で学んだこと。

ちなみに、サンライズツアーのために夜中に塩湖を訪れたときには、星空とそれが反射する湖面でまるで宇宙のような情景に「すごーい！」「めっちゃきれい！」と大感動していた。大人が導かなくてもいいのだ。

ラパスで出会った日本人の旅人に誘われて参加したサンライズツアー。みんなで写真を撮るのが楽しすぎた

一日一歩。
一年あれば365歩！
それだけ進めば
人生はきっと変わる

ちなみに、このサンライズツアーのときも一緒に参加した日本人の旅人たちとの写真撮影に盛りあがりすぎて、気づいたときには、サンはライズしていた（笑）。

腹弱おとん、ついにお腹を壊す

おとんはお腹が弱い。出発前にビオフェルミンを持っていくか持っていかないか本気で悩んでいて、インスタグラムで大論争を巻き起こした。でもこれまでは、持ち前の警戒心で一度もお腹を壊すことはなかった。このまま無事帰国すると思っていたのだが、帰国まであと10日というところで、思いっきりお腹を壊した。

ウユニに着いて5日目の夜だった。トイレから「おええええぇ」という声が聞こえる。おとんが嘔吐していた。「大丈夫?」と聞いてみるも、その様子を見ると全然大丈夫ではなさそう。

その原因は前日の夕食だという。ウユニには有名な焼肉屋さんがあって、お肉を目の前で焼いてくれる。お店は3店舗あって、それらが横に並んでいる。実は私たちは2日前にも行っていて、そのときは3店舗並んでいるうちの真ん中の店に入った。しかしお腹を壊した日の前日はその右隣のお店で食べたのだ。

「私は同じところがいいって言ったのに、おかんが変えるからや！」

塩湖の塩をお土産に買って帰ったんだけど、これを知り合いとかに渡すとき、子どもたちに言わせてたことがあって…

「ウ！ ユ！ ニ！ の！ しお！」やろ?

「は！ か！ た！ の！ しお！」のリズムでな（笑）

でた。おとんの他責思考。知らんがな、完全に八つ当たりやん。

「だってそんなん、毎回同じお店なんて嫌やん！」

私も言い返す（これがよくない）。

「なんでわざわざリスクとるねん！」

「そう思うんやったら、そのときもっと強く言いや！」（私も他責思考）

「言う前に店はいっとったやん！」

旅も後半になると毎日こんな言い合いをしていた。旅を通して絆が深くなって、夫婦のチーム力があがると思っていたけれど、正直に言うと、うちの場合はそんなことはなかった。夫婦ってなんやろう、と悩んだことも多かった。悩みすぎて、インスタライブをして話を聞いてもらったこともあった。旅を終えた今もまだ答えはでていない。

けれど、**おとんがいなければこの旅はできなかった。**

私は割と「なんとかなるやろ」と楽観的に考えてしまうタイプだが、おとんは違う。最初は屋台飯も食べず、ちょっと危ない場所に入るとすぐに移動しようとする。だから家族5人無事旅ができたんだ思う。

上）旅で出会った日本人のみんなには本当に助けられた。この縁を大切にしたい
中・下）末っ子は地球の反対側でもたくさんかわいがってもらい、たくさん愛された

ウユニの絶品アイス！

そう考えると、バランスがとれているってことなんやろうな。

もうすぐ私たちの旅が終わる

私たちの世界一周が終わる。寂しい、帰りたくないという気持ちが生まれるかと思ったが、まったく思わなかった。子どもたちもそれぞれに日本に帰ることを楽しみにしていた。「サンタさんプレゼント何置いてくれてるかな？」と言う息子と、「日本帰ったらドライヤー使えるな！」と言う娘（グアテマラ以降、宿にドライヤーがなかった）。

ウユニを去る日、グアテマラのペンション田代で一緒だった旅人に会うことができた。彼らにしょうゆやふりかけ、フリーズドライの味噌汁などを渡した。私たちに代わって旅を続けてもらおう。

この後は、帰国便に乗るためにメキシコに移動し、数日間過ごすだけ。

初めての子連れ海外。生まれて初めて２００日間も日本を離れた。うまくいかないこともあったし、ハプニングもたくさんあったけれど、世界一周をして本当によかった。

使った金額を考えると肝が冷えるが、一生忘れられない……人生において最大で最高の思い出という資産に変えることができた。この経験があれば、この先どんなことがあっても家族で力を合わせて生きていける。旅は娯楽じゃない。旅は投資だ。**こんな私でも子どもとウユニ塩湖まで来られた！という達成感で満ちあふれていた。**

飛行機に乗るため、ラパスで1泊したのだが、私たちが向かった先はまさかの娘が「おいしくない」と言ったボリパフェの店(笑)。やっぱりおいしくはなかったけど、日本に帰ってもたまに思い出すくらい、クセになる味だった。

旅後記

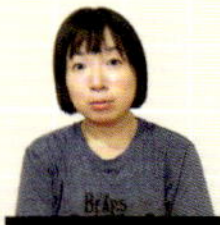

子連れおすすめ度

★★☆☆☆

日本人向けツアーもあるが、高山病には注意が必要

私たちはペルーからボリビアに向かったので、ある程度、標高の高さに順応したからだができていたのだと思う。なので、ボリビアだけ目指す場合は注意が必要かも。

治安は思ったほど悪くなかったので、夜に出歩かなければ大丈夫そうだったけれども油断は禁物。

行こうと思えば、ウユニ塩湖はベビーカーでも行ける！（笑）

おとん

やっと帰れる〜！

おかん

帰国してから気づいたけどおとんの病名は「デリカ欠乏症」やったな(笑)

おとん

そうやねん。自分自身、愛車と離れることがこんなにつらいことだったなんて200日離れてはじめて気づいたわ

おかん

そこまで車好きやったとは(笑)。カナダとアメリカでキャンピングカーの旅できてよかったたな

おとん

あれなかったらもっと早くに限界きてたと思うわ(笑)

母になっても
あきらめられない夢がある。
だから決めた。
自分の夢も子どもの夢も
一緒に追いかけられる母になる。
楽しさもワクワクも倍になる。
母だからこそ夢をかなえるのだ。

そして、日本へ

ラパスの空港からコロンビアのボゴタで乗り換えして、5時間かけてメキシコへ。メキシコに着いたら、最後にグアナフアトに立ち寄る予定だったが、おとんと子どもたちが「もうバスに乗って移動するのは嫌や」と言うので、メキシコシティに6日間滞在することにした。

この6日間私たちがしたことは、朝ラウンジで朝食→お土産探し→すき家で昼食→夜ラウンジで夕食の繰り返しである。ただただ、帰りの便までゆっくり過ごす。

ただいま！　日本最高！

メキシコから14時間のフライトを経て、朝6時、無事帰国。

帰国してやっぱりまずやりたいことは、もちろん日本食を食べること。

とにかくおいしい日本米を食べたい。そう思って空港内をウロウロするも、早朝のためお店が開いていない。そんな中、私たちが帰国後一食目に選んだものは……コンビニおにぎり!!　どうしても寿司が食べたかったわたしはネギトロ巻き。

おとんは納豆巻き。息子はこんぶおにぎり。娘は？

「おにぎり何にする？ こんぶにする？」

私が聞くと、娘から驚く答えが返ってきた。

「え？ こんぶってなにぃ？」

「え！ めっちゃ好きやったやつやん、黒いやつ！ ほんなら鮭にする？」

「しゃけってなにぃ？」

200日経っていろいろなことを忘れている。恐るべし4歳児。そんな娘は鮭のおにぎりを選んだ。

心して食す。

「おいしい！ めちゃくちゃおいしい！ なんやこれ！ 日本最高!!」

こんなにおいしいコンビニおにぎりは後にも先にもないだろう。おとんはひと口食べてそのおいしさに笑いが止まらなくなっていた（わかるで！）。

そしてバスで羽田空港へ行き、そこからは大阪国際空港へ。

1月25日15時2分。無事我が家に帰宅!!

帰宅後、子どもたちがはじめにやったことは、サンタさんからのプレゼントを開けること（不在だったけれども、サンタさんはちゃんと来てくれていた）。

おとんがはじめにやったことは、愛車のデリカにハグだった。

ただいま！

Part 3

これからも旅は続く

子連れには今しかできない旅がある

末っ子は本当に世界中でかわいがってもらった。街を歩いているとたくさんの人たちが声をかけてくれて、抱きしめてくれて、ほほえんで見守ってくれた。この旅で、たくさんの人から愛をもらった。それと同時に、**この子は存在するだけで世界中の人をどれだけ笑顔にしてきたんだろう、**とも思う。それだけでめちゃくちゃ徳を積んでいるのではないか。子どもの力はすごい。手を振っただけで相手が笑顔になる。声をかけてくれて、人と人とのつながりを生んでくれる。

このタイミングで世界一周をしてよかったと心から思う。正直、もっと大きくなってからのほうが、子どもたちが得るものが多いのではないかと思ったこともあった。でも末っ子が1歳のこのタイミングだったからこそ、こんなにたくさんの人

に愛をもらって笑顔を届けられたんだと思う。

娘にはとっても助けられた。娘はどんなときでも家族の雰囲気を明るくしてくれるムードメーカーだ。おとんとの間に険悪ムードが漂うときも、娘のひと言で雰囲気がよくなる。

そんな娘は海外で友達をたくさん作った。公園で遊ぶと、そこで遊んでいる子と一緒に遊びたい、友達になりたいという気持ちが強くなった娘。**ただ言語が違うことが気になる**。そんなときは私を引き連れて一緒に「遊ぼう」と誘いに行く。相手が遊んでくれたらもう私は不要。言葉もいらない。すぐに仲良くなる。そういうところ、尊敬する。

そして息子。きっとこの旅でいちばん刺激をもらったのは息子だろう。今となっては小学校入学前に行けてよかったと思っている。**旅の間に息子には夢ができた**。それを帰国後の卒園式で、大きな声で発表した。

「パイロットになりたいです!!」

それを聞いて私もおとんも泣いた。

「飛行機を操縦もするし、作れる人になる。かかとお父さんと家族で乗れる飛行機を作る!!」そう言いながら、息子は旅中に何度も夢の飛行機の設計図を描いてくれた。実現できるかどうかはさておき、「やりたい!」が見つかったこと。それは息子にとってとても価値のあることだと思う。

きっと、旅にでたときがタイミングなんだと思う。早すぎるということもないし、遅すぎるということもない。でも、**今の子どもと旅ができるのは、今しかない**。

「ねばならない」を手放す

イギリスで「bento」と書かれたタッパーを見

た。「日本の弁当は海外でも受け入れられているんだなぁ」と思ってパッケージを見ると、私たちがイメージする弁当とはほど遠い写真が載っていた。弁当に入っていたのはパン、ナッツ、ぶどう、にんじん、以上！　調理ほぼしてへんやん（笑）。聞くと「みんなこんな感じのお弁当しか持ってきてないから、子どもが自分で用意する」とのこと。

確かに、それでいいんよな。朝ごはんがパンとバナナの日があってもええやん。子どもが自分で用意できるし。「手抜き＝ダメな親」じゃない。

私たちはもしかしたら勝手に「こうしなくてはならない」と決めつけているのかもしれない。

30回のフライトを通して気づいたことがある。赤子どもは泣くものという大前提は世界共通で、赤ちゃんやちいさい子が言葉でうまく表現できないから泣くことに対して世界は非常に優しい。みんながあやしてくれるし、見守ってくれる。ただ、言葉が話せる年齢で公共の場で駄々をこねている子を旅の間ほとんど見かけなかった。私が訪れたのはほんの十数か国だけど、それが帰国するまでずっと不思議だった。それが、帰国後にある本を読み、納得できた。谷口たかひささんの『シン・スタンダード』（サンマーク出版）。海外の子どもたちは「泣けば願いが通る」と思っていない。日本は周囲の冷たい視線や心ない言葉で「早く泣き止ませないと」と、泣いた子どもの要求にすぐに応えてしまいがちだと書かれていた（ほんまそれ！　自覚がありすぎる）。

だから私たちの世代からは、もし子どもが泣いていても「大変ですよね！　わかる！」とあたたかく見守っていければいいのではないかと思う。

そんな社会にするには時間がかかるかもしれない。でも**ひとりのちいさな行動はいつか世界を変えられるはず**。

私たちの旅はおかげさまの旅

海外を旅すると、「Where are you from?」と聞かれることがよくある。その度に「I'm Japanese」「I' m from Japan」と答えるのだが、必ずと言っていいほど、「Oh! Japan !!」と感動してもらえる。そして、「日本は素晴らしいよ！」「私は日本が大好き！」「日本のアニメは最高だよ！」と言ってもらえる。トルコを旅していたとき、「トルコ地震のとき日本がいちばんに助けに来てくれました」と話しかけられて、お茶をご馳走になったこともあった。

私は嬉しくて、海外を旅するにつれて、私は日本人であることを誇りに思った。

そして何より日本食は素晴らしい。

旅から帰ってきて、子どもたちはすごくごはんを食べるようになった。日本食のおいしさ、日本の素晴らしさに気がついたのだろう。水道水が飲める、トイレがきれい、トイレットペーパーがトイレに流せる、電車が時間通りに出発する。こんなに素晴らしい国はほかにないぞ。

せっかく日本人として生まれたのだから、我が子の愛国心もちゃんと育てたい。自分の国に誇りを持つ。愛国心は自己肯定感に直結するそうだ。

この旅で日本の人たちにもたくさん出会った。世界にでてまで日本人とつるむなんて。そう思う人もいるかもしれない。でも、初めての子連れ海外に不安しかなかった私たち夫婦にとって、日本人の旅人や、現地に住む日本人のみなさんとのつながりが心の拠り所となっていた。それぞれに旅にでた理由やそこに住む理由があって、それぞれの人生の物語があって。みんな本当に素敵な人たちだった。

旅の計画中から親身になって相談にのってくれた方、旅中のトラブルにすぐに対応してくれた友人、旅先で「インスタグラム見てます！」と声をかけてきてくれた方たち、同じ宿で出会い励ましあった旅人さんたち、そしてインスタグラムを通じてずっと応援して一緒に旅してくれたフォロワー（おかんず）のみんな。私たちが世界一周を完走できたのはみんなのおかげ。

発信者として仕事をしながら旅をすることは、正直想像以上に大変だったけれど、旅をしなければよかったと思ったことは一度もない。みなさん本当にありがとうございました。

そして「書籍を出版したい」という夢をかなえるきっかけをくださり、一緒に作りあげてくれたグラフィック社庄司さん、本の制作に携わってくださったみなさま、ありがとうございました。

まだまだ旅の途中

「子どもとたくさん旅できる人はいいな」

これは4年前の私が思っていたこと。うらやましくて仕方がなかった。でも、気づけば3人の子どもを連れて本州を縦断して、世界一周までした。「ビジネスで成功してお金も時間も手に入れて自由に旅ができるようになりました！」そんな記事をよく見かけるけど、そうならないと旅ができないというイメージをぶち壊すことに成功したかなと思っている。

2年前の私の子連れ〝旅行〟のイメージは、年末年始のテレビでよく見る、超混み合った空港でスーツケースを持ったお父さんと、きれいなお母さんの横で子どもたちが「今からハワイに行くの！」と嬉しそうに言う、あの感じだった。とにかくお金がかかって、リゾート地でゆっくり。ホテルは子連れ大歓迎でプールは必須。だから私も国内旅行は年に1回。海外旅行はいつか行けたらええな、と思っていた。あのときの私に言いたい。

どんだけ視野狭いねん。

旅って、本当にお金にも時間にも余裕がある人しかできないものなのか。全然違う。所持金0で自転車で日本一周している人だっている。サラリーマンでも土日と有給を駆使して世界を巡っている人だっている。お金と時間は工夫次第でなんとでもなるのではないか。

じゃあ、私にできることってなんやろう。そう考えはじめたときから、私の旅ははじまった。

そんなの私にはできない、って決めているのは自分だった。「だって、仕事があるから」「だって、子どもがいるから」「だって、お金がないから」言い訳はいくらでもできたけれど、どれも旅ができない理由にはならなかった。

世界一周に行きたくて仕事を辞めて独立するおかんがいてもいいやんな！

子どもと車中泊したり、ビジネスホテルに泊まったりするおかんがいてもいいやんな！

子ども3人とローンを抱えて仕事しながら世界を一周するおかんがいてもいいやんな！

子育てはしんどい。

子どもと一緒に旅にでたら、そこには今まで知らなかった素晴らしい世界が広がっていた。

Thankyou!

全部見せます！ 子連れ世界一周200日間かかったお金

世界一周航空券（大人2名、小人2名）	2,153,610

【おかんMEMO】
ルールは細かいけれど、すべて航空券を自己手配すると、これの2倍くらいはかかる。

01／タイ／7DAYS

食費	18,760
宿泊費	3,768
交通費	22,285
施設入場料	2,400
ワクチン接種	48,600
合計	95,813

【おかんMEMO】
ワクチンは日本で受けるよりも割安。宿泊費はマリオットのポイント宿泊で浮いた。

02／トルコ／21DAYS

航空券	37,460
食費	161,240
宿泊費	274,586
交通費	16,133
雑費	16,707
医療費	301,717
保険金（☆）	-301,717
ツアー参加費	104,160
施設入場料	8,021
合計	618,307

【おかんMEMO】
物価高で外食は日本と同じくらいか少し高い。マクドナルドのハッピーセットは500円。
☆海外旅行保険の医療費補償による

03／エジプト／12DAYS

航空券	106,646
食費	25,214
宿泊費	23,037
交通費	11,940
雑費	2,990
通信費	7,888
施設入場料	6,240
ツアー参加費	18,433
合計	202,388

【おかんMEMO】
マリオットのポイント宿泊の恩恵を受ける。ハッピーセットは390円。比較的安い。

04／オーストリア／5DAYS

食費	65,509
宿泊費	62,078
交通費	950
雑費	4,753
施設入場料	9,811
合計	143,101

【おかんMEMO】
ユーロ圏に入って物価感が1.5〜2倍に跳ねあがる！　ハッピーセットは800円。

航空券…世界一周航空券の変更手数料なども含む
交通費…バス、電車、タクシー代など
雑貨…日用品、衣料品、ベビー用品など
通信費…SIMなど

巻末付録 ❶ 全部見せます！ 子連れ世界一周200日間かかったお金

07／モロッコ／21DAYS

航空券	51,607
食費	163,393
宿泊費	83,998
交通費	17,626
雑費	9,792
通信費	8,000
ツアー参加費	200,000
合計	534,416

【 おかんMEMO 】
2000円でお腹いっぱいタジン鍋が食べられる。砂漠のツアーはプライベートツアー。

08／カナダ／17DAYS

航空券	81,655
食費	162,524
宿泊費	162,822
交通費	24,884
レンタカー	172,431
雑費	24,584
通信費	6,800
施設入場料	9,400
合計	645,100

【 おかんMEMO 】
キャンピングカーにかかった費用はよしこさんと出し合う。ハッピーセット600円。

05／スペイン／8DAYS

航空券	94,925
食費	53,683
宿泊費	62,010
交通費	5,861
雑費	2,524
施設入場料	34,300
合計	253,303

【 おかんMEMO 】
どれだけ探しても1泊1万5000円以下の宿が見つからない。ハッピーセット670円。

06／イギリス／5DAYS

航空券	119,165
食費	20,775
宿泊費	0
交通費	22,738
レンタカー	52,086
雑費	2,047
合計	216,811

【 おかんMEMO 】
ホームステイさせてもらったのでめちゃくちゃ助かった！ ハッピーセット650円。

※記載の日数は移動日を含みます

09／アメリカ／20DAYS

航空券	70,996
食費	146,961
宿泊費	193,959
交通費	31,529
レンタカー	990,831
雑費	72,540
通信費	14,094
施設入場料	9,210
合計	**1,530,120**

【おかん MEMO】
キャンピングカーとガソリン代で100万円超え！　自炊必須。ハッピーセット750円。

10／メキシコ／15+7DAYS（2回目の滞在も含む）

食費	158,991
宿泊費	59,394
交通費	83,612
雑費	36,567
医療費	26,696
通信費	24,190
施設入場料	6,251
旅行保険	20,492
その他	29,300
合計	**445,493**

【おかん MEMO】
末っ子の脳波測定と娘の縫合術を合わせてこの医療費。ハッピーセット680円。

11／グアテマラ／19DAYS

航空券	79,611
食費	159,823
宿泊費	99,611
交通費	20,003
雑費	34,840
医療費	7,042
通信費	19,390
旅行保険	20,661
合計	**440,981**

【おかん MEMO】
ペンション田代は１泊4800円。物価は安めだがハッピーセットは高めの700円。

12／エクアドル／15DAYS

航空券	36,290
食費	171,328
宿泊費	119,530
交通費	11,611
雑費	23,220
通信費	11,400
ツアー参加費	138,000
その他	73,359
合計	**584,738**

【おかん MEMO】
１ドルのソフトクリームがありがたい！ツアーは高いけれど行く価値あり。

14／ボリビア／13DAYS

航空券	59,480
食費	113,971
宿泊費	40,350
交通費	43,382
雑費	12,021
通信費	11,400
ツアー参加費	32,634
その他	26,000
合計	**339,238**

【おかんMEMO】

今回行った国でボリビアがいちばん物価が安く感じた。ウユニのボリパフェは100円！

日本

食費	2,757
交通費	9,000
合計	**11,757**

【おかんMEMO】

羽田→大阪の航空券はマイルで支払っているので国内交通費は最低限ですんだ。

13／ペルー／22DAYS

航空券	39,264
食費	74,062
宿泊費	110,787
交通費	93,804
雑費	23,958
医療費	11,042
通信費	22,800
施設入場料	20,204
ツアー参加費	10,000
合計	**405,921**

【おかんMEMO】

マチュピチュに向かう観光列車が家族で4万6000円。節約したい場合は歩いて行く方法も。

総額！8,621,097円！

当初の予算は500万円だったので、大幅にオーバー（笑）。
総額だけ見ると「たっっっか！」と思うかもしれないけれど、各国の滞在日数と小計で見るとそこまで「高い」という印象もないのでは？　世界一周航空券のお得さもあって、むしろ日本から単発で何度も行くよりコスパがいいなと感じた。
だいたい1日あたり2～3万円に航空券をプラス(アメリカ除く)のイメージ。
今回の旅で感じたのは世界的な物価上昇。未来のことはわからない。だから今がいちばん安い、と思って動こうと思った。

※上記は2023年7月10日から2024年1月25日までに著者が実際に旅してかかった費用です。現在とは情勢が異なりますので、あらかじめご了承ください

子連れ世界一周200日間全記録

こんなことありました

2023.7.10 ▶▶▶ 2024.1.25

DAY	国	出来事
DAY 1	タイ	いよいよ出発！ タイに到着
DAY 2		アイコンサイアムなどを観光
DAY 3		スネークファームで予防接種
DAY 4		おとん、息子、末っ子副反応でダウン 末っ子１歳を迎える
DAY 5		ワット・ポーへ。子ども初のトゥクトゥクに歓喜！
DAY 6		水上マーケットでぼったくりに遭う
DAY 7		ワット・パクナムへ。深夜にタイを出国
DAY 8	トルコ	早朝トルコ・イスタンブールに到着
DAY 9		末っ子発熱！ 解熱剤で様子見
DAY 10		アヤソフィアを観光。トルコアイスに挑戦
DAY 11		ブルーモスク観光。ホテルの近くをまったり散策
DAY 12		海外で初めての電車。トルコの人の優しさに感動
DAY 13		デニズリに移動。パムッカレで泥遊び
DAY 14		デニズリからカッパドキアへ深夜バス移動
DAY 15		早朝にカッパドキアのユルギュップ到着
DAY 16		メンズ3人体調不良。娘とおかんで街を散策
DAY 17		ユルギュップの奇岩を巡る。陶芸体験も
DAY 18		ギョレメへ移動。ゆっくりと過ごす
DAY 19		洞窟ホテルを満喫する
DAY 20		トルコの朝食を楽しむ。おかんまさかの発熱
DAY 21		おかん発熱続き、救急病院へ。点滴を打ち回復
DAY 22		おとん洞窟ホテルで洗濯三昧
DAY 23		おかん回復するも味覚障害に。次はおとんが発熱
DAY 24		気球に乗るつもりが悪天候でキャンセル おかんの誕生日を壺ケバブで祝う
DAY 25		おかんの夢「気球に乗ること」がかなう
DAY 26		おかん味覚障害から復活。イスタンブールへ戻る
DAY 27		末っ子、おとんによる散髪式。息子初めて乳歯が抜ける
DAY 28		トルコを出国する
DAY 29	エジプト	エジプトに入国。早朝の空港で路頭に迷う
DAY 30		水のでない宿をでてリゾートホテルに移動
DAY 31		潜水艦クルーズへ。水中の美しさに感動
DAY 32		末っ子紅海で海デビュー
DAY 33		いろいろな国の人とイルカを見るツアーに参加
DAY 34		マリンリゾートを堪能
DAY 35		引き続きマリンリゾートを堪能
DAY 36		長距離バスでカイロに移動。メナハウスに宿泊
DAY 37		エジプト考古学博物館へ。コシャリを食べる
DAY 38		ベビーカーでピラミッドへ！ 古代文明を肌で感じる
DAY 39		ハン・ハリーリ市場でお土産探し
DAY 40		スーパーへ買い出し&最終日のメナハウスを楽しむ
DAY 41	オーストリア	EU圏へ突入！ オーストリアに入国
DAY 42		マンションで自炊を楽しむ。街の公園も堪能
DAY 43		ウィーンの街を散策。
DAY 44		ミュージアム「音楽の家」で遊ぶ
DAY 45	スペイン	初めてLCCを使ってスペインへ
DAY 46		おかんの母と義妹、甥っ子が合流。サグラダ・ファミリアへ
DAY 47		美食の街スペインを満喫。パエリア最高
DAY 48		グエル公園でガウディの世界に触れる
DAY 49		市場やスーパーで買い物
DAY 50		おかんの母たちが帰国。寿司を食べ不満を感じる

DAY	国	出来事
DAY 51		ミロ美術館へ。おとんと息子ラーメンを食べる
DAY 52	イギリス	イギリス・ロンドンへ。ホームステイがはじまる
DAY 53		子どもたち憧れのロンドンバスに乗車
DAY 54		ホームステイ先での日本食に心が満たされる
DAY 55		レンタカーを借りて化石発掘へ
DAY 56	モロッコ	モロッコ・タンジールに移動
DAY 57		宿でダラダラして過ごす
DAY 58		シャウエンへ。美しい街並みにうっとり
DAY 59		市場で買い物。かわいい陶器やかごがたくさん
DAY 60		フェズに移動
DAY 61		フェズ観光。夜に地震に遭う
DAY 62		拠点をリアドからホテルに移す
DAY 63		ホテルで過ごす。息子5歳の誕生日を祝う
DAY 64		末っ子が立った!
DAY 65		ホテルでゆっくりと過ごす
DAY 66		10時間移動。大荒れのサハラ砂漠に降り立つ
DAY 67		ダデス渓谷で1泊する
DAY 68		マラケシュへ移動
DAY 69		世界遺産のジャマ・エル・フナ広場へ
DAY 70		生のサーモンを買ってサーモン祭り
DAY 71		カサブランカへ移動
DAY 72		ホテルでゆっくり過ごす
DAY 73		おかんお腹を壊す
DAY 74		娘4歳の誕生日を祝う
DAY 75		家族でホテルのジムで運動してみる
DAY 76	カナダ	モロッコからカナダへ長時間移動
DAY 77		カルガリーの日系スーパーで日本食を見て感動!
DAY 78		街の公園に行く。ウナギを食べる
DAY 79		息子、ついに歩きだす!
DAY 80		知り合いに会いに街の図書館へ
DAY 81		キャンピングカーを借りる。友人と合流
DAY 82		バンフの街に到着。ペイトー湖へ
DAY 83		ジャスパーへ北上。おとんの夢がかなう
DAY 84		ルイーズ湖とモレーン湖を巡る
DAY 85		友人と別れる。RVパークでエルクを発見
DAY 86		キャンピングカー返却。イエローナイフへ移動
DAY 87		末っ子よく歩く。オーロラ観測1日目、見えず
DAY 88		オーロラ観測2日目、うっすら見える
DAY 89		オーロラ観測3日目、見えず
DAY 90		オーロラ観測4日目。薄いが子どもたちも見られた
DAY 91		ベビーカーパンク。自転車屋さんに駆け込む
DAY 92		オーロラ大爆発を寝落ちで見逃す。アメリカへ入国
DAY 93	アメリカ	買い出し&キャンピングカーを借りる
DAY 94		バレーオブファイヤー州立公園へ。車をぶつける
DAY 95		ザイオン国立公園で米粒を巡って夫婦喧嘩
DAY 96		「龍の腹」といわれる30メートルの洞窟探検
DAY 97		金環日食。ブライスキャニオン国立公園へ
DAY 98		ひたすら車を走らせる。モアブへ
DAY 99		アーチーズ国立公園へ
DAY 100		グースネックス州立公園へ。作ったカレーと星空に感動
DAY 101		モニュメント・バレーを眺めながら車で走る
DAY 102		末っ子、靴デビュー!

DAY		
DAY 103		ひたすら走る&ウォルマートで買い出し
DAY 104		メテオ・クレーターとホースシューベンドへ
DAY 105		ナバホ・ブリッジに立ち寄り、パウエル湖へ
DAY 106		アンテロープキャニオンに感動が止まらない
DAY 107		いよいよグランドキャニオン！
DAY 108		ルート66の街セリグマンとウィリアムズへ
DAY 109		セドナでパワーチャージ
DAY 110		キャンピングカー最後の夜を満喫
DAY 111		キャンピングカーを返却し、NYに向かう
DAY 112	メキシコ	NYからアメリカを出国！メキシコに入国
DAY 113		メキシコシティからバスでオアハカへ向かう
DAY 114		死者の日の前日。街の雰囲気に興奮
DAY 115		死者の日当日。家族でガイコツメイクをする
DAY 116		お墓に行き、ひとつの家族に迎え入れてもらう
DAY 117		メキシコシティに移動
DAY 118		メキシコシティでパレード。末っ子けいれん？
DAY 119		演奏会に招待される
DAY 120		旅を続けるか、家族会議が開かれる
DAY 121		メキシコシティの郵便局などを観光
DAY 122		ショッピングモールの遊び場で楽しむ
DAY 123		テオティワカンへ。午後に末っ子病院へ
DAY 124		末っ子脳波測定。娘頭を3針縫う
DAY 125		ホテルとショッピングモールでまったり
DAY 126	グアテマラ	メキシコを出国し、グアテマラへ
DAY 127		ペンションとその近くをのんびり散策
DAY 128		引き続きのんびり過ごす
DAY 129		日本人の旅人と十字架の丘へ
DAY 130		みんなでヘアカット！
DAY 131		娘、メキシコで縫ったところを抜糸
DAY 132		アンティグアからパナハッチェルへ向かう
DAY 133		アティトラン湖で水遊び
DAY 134		街をまったりと散策
DAY 135		アンティグアに戻る
DAY 136		おとんスペイン語学校に通いはじめる
DAY 137		旅人のみんなと手巻き寿司パーティー
DAY 138		街の公園で現地の子どもたちと遊ぶ
DAY 139		最新のショッピングモールで遊ぶ
DAY 140		コーヒー農園を訪れる
DAY 141		またもや街の公園で遊び、メルカド（市場）へ
DAY 142		もはや街の公園に通うのが日常に
DAY 143		ペンションのみんなでカモテを食べ記念撮影
DAY 144		グアテマラ出国。初の空港泊
DAY 145	エクアドル	ガラパゴス諸島のプエルトアヨラへ
DAY 146		久しぶりの刺身に感動！
DAY 147		ゾウガメに会いにチャールズダーウィン研究所へ
DAY 148		磯遊び。アシカとイグアナがすぐ目の前に！
DAY 149		鳥の楽園ノースセイモア島へ
DAY 150		公園、刺身三昧。アシカ、イグアナ遭遇し放題！
DAY 151		イザベラ島でシュノーケリング。アシカと泳ぐ
DAY 152		イザベラ島で再びシュノーケリング
DAY 153		イザベラ島を離れる
DAY 154		日本人の旅人に手料理をご馳走になる

巻末付録❷　こんなことありました　子連れ世界一周 200 日間全記録

DAY	内容
DAY 155	公園、刺身三昧、再び！
DAY 156	ガラパゴスゾウガメの大きさに驚く！
DAY 157	4500円でテープタイプのおむつを買う
DAY 158	ガラパゴス諸島をあとにする
DAY 159	【ペルー】ペルーへ。おとん誕生日を迎える
DAY 160	リマのホテルで過ごす
DAY 161	ホテル近くのショッピングモールへ
DAY 162	飛行機でリマからクスコ
DAY 163	共同キッチンつきの部屋に移動する
DAY 164	クスコ市場で屋台飯を楽しむ
DAY 165	マチュピチュに向けて出発！
DAY 166	マチュピチュ村を散策する
DAY 167	きたぞ、マチュピチュ。娘熱性けいれんで病院へ
DAY 168	クスコに戻る。息子のリュック紛失事件
DAY 169	クスコの街でゆったり過ごす
DAY 170	娘海外2回目の散髪で爆睡
DAY 171	娘原因不明の発疹がでて病院へ
DAY 172	有料の公園で思いっきり遊ぶ
DAY 173	ガンプ鈴木さん&旅人と会う
DAY 174	サントドミンゴ教会に行く
DAY 175	クスコで年越しカウントダウン！
DAY 176	日本とテレビ電話をつなげて新年の挨拶
DAY 177	プーノに向けてバス移動
DAY 178	プーノに到着！
DAY 179	浮島ウロスとタキーレ島を目指すツアーに参加
DAY 180	【ボリビア】ペルーからボリビア、バスで越境

DAY	内容
DAY 181	ラパスでロープウェイに乗る
DAY 182	深夜バスでいざウユニの街へ！
DAY 183	早朝にウユニに到着
DAY 184	念願！ベビーカーでウユニ塩湖！
DAY 185	ウユニの街を散策する
DAY 186	再びウユニ塩湖！
DAY 187	おとん塩漬けベビーカーを洗う
DAY 188	屋台飯やアイスを堪能。おとんお腹を壊す
DAY 189	ウユニ塩湖サンライズツアーに参加。ウユニをでる
DAY 190	ラパスに到着。お土産を買い込む
DAY 191	夜にボリビアの空港へ
DAY 192	【メキシコ】ボリビア→コロンビア→メキシコと移動
DAY 193	シウダデラ市場へ
DAY 194	ただただゆっくり過ごす。すき家に行く
DAY 195	ただただゆっくり過ごす。すき家再び
DAY 196	ショッピングモールへ行く。またすき家
DAY 197	メキシコシティの中心地を散策
DAY 198	いよいよメキシコを出国！
DAY 199	【帰国！】機内で14時間過ごす。半分は寝て過ごす
DAY 200	【帰国！！】帰国！！お疲れさま！！

おかんトラベラー

1988年生まれ、大阪在住。
世界一周の夢をかなえるため、正規の仕事をやめた
３児の母。「子連れには今しかできない旅がある」をモットーに、旅で子育てを楽しむお母さんを増やすため、インスグラムなどを通じて情報を発信している。国内の子連れ旅では車中泊がメイン。国内で訪れたのは45都道府県となる（2024年8月末現在）。初の海外は22歳のときに母親と訪れたイタリア。本書が初の著書となる。Voicyでも発信中。

Instagram：@okan.momtraveller
SHOP：https://okantraveler.base.shop/

okan´s history

2017年	9月 第一子（息子）出産
2019年	9月 第二子（娘）出産
2020年	4月 マイホーム上棟／7月 インスタグラムを開設／10月 母子旅・車中泊旅をスタート
2021年	4月 育休から復帰、インスタグラムフォロワー1000人突破
2022年	2月 インスタグラムフォロワー1万人突破／7月 第三子（末っ子）出産／9月 車中泊で本州横断
2023年	1月 世界一周の準備を本格的にスタート／7月 退職、世界一周の旅に出発！

STAFF
デザイン　高津康二郎(ohmae-d)
編集　　　庄司美穂(グラフィック社)

子育てはしんどい。
だから私は
子どもと一緒に旅にでる
──── 1・3・5歳 子ども3人とローン抱えて世界一周 ────

2024年9月25日　初版第1版発行

著者　　　おかんトラベラー
発行者　　津田淳子
発行所　　株式会社グラフィック社
　　　　　〒102-0073
　　　　　東京都千代田区九段北1-14-17
　　　　　電話：03-3263-4318（代表）
　　　　　　　　03-3263-4579（編集部）
　　　　　FAX：03-3263-5297
　　　　　https://www.graphicsha.co.jp/
印刷　　　TOPPANクロレ株式会社

定価はカバーに表示してあります。

乱丁・落丁本は、小社業務部宛にお送りください。

小社送料負担にてお取り替えいたします。

著作権法上、本書掲載の文・イラストの無断掲載・借用・複製は禁じられています。

本書のコピー、スキャン、デジタル化等の無断複製は著作権法上の例外を除き禁じられています。本書を代行業社等の第三者に依頼してスキャンやデジタル化することは、たとえ個人や家庭内の利用であっても著作権法上認められておりません。


本書は、著者が2023年7月10日から2024年1月25日までに実際に旅をした体験に基づいています。現在とは情勢や名称などが異なる場合がありますので、あらかじめご了承ください。

掲載している写真はクレジットがないものについてはすべて著者が撮影したものです。写真に映っている方には許可を得ていますが、一部連絡先がわからない方がいらっしゃいました。連絡先をご存知の方は編集部までご連絡ください。

©okan.momtraveller 2024 , Printed in Japan
ISBN978-4-7661-3956-3 C0077